U0512617

彭建仿　胡霞　著

重庆工商大学工商管理学术团队资金　资助

农业社会化服务供应链构建与运行：协同响应视角

NONGYE SHEHUIHUA FUWU GONGYINGLIAN GOUJIAN
YU YUNXING: XIETONG XIANGYING SHIJIAO

中国财经出版传媒集团

经济科学出版社
Economic Science Press

图书在版编目（CIP）数据

农业社会化服务供应链构建与运行：协同响应视角 /
彭建仿，胡霞著 . —北京：经济科学出版社，2021. 11
　ISBN 978 - 7 - 5218 - 3195 - 5

　Ⅰ. ①农… 　Ⅱ. ①彭… ②胡… 　Ⅲ. ①农业社会化服
务体系 - 供应链管理 - 研究 - 中国 　Ⅳ. ①F326. 6

　中国版本图书馆 CIP 数据核字（2021）第 248391 号

责任编辑：杜　鹏　刘　悦
责任校对：徐　昕
责任印制：邱　天

农业社会化服务供应链构建与运行：协同响应视角
彭建仿　胡　霞　著
经济科学出版社出版、发行　新华书店经销
社址：北京市海淀区阜成路甲 28 号　邮编：100142
编辑部电话：010 - 88191441　发行部电话：010 - 88191522
网址：www. esp. com. cn
电子邮箱：esp_bj@ 163. com
天猫网店：经济科学出版社旗舰店
网址：http://jjkxcbs. tmall. com
北京时捷印刷有限公司印装
710 × 1000　16 开　11. 25 印张　200000 字
2021 年 12 月第 1 版　2021 年 12 月第 1 次印刷
ISBN 978 - 7 - 5218 - 3195 - 5　定价：59. 00 元
（图书出现印装问题，本社负责调换。电话：010 - 88191510）
（版权所有　侵权必究　打击盗版　举报热线：010 - 88191661
QQ：2242791300　营销中心电话：010 - 88191537
电子邮箱：dbts@esp. com. cn）

前　言

　　"谁来种地、如何种地"是关系中国未来的重大现实问题。随着家庭农场和以专业大户为代表的规模农户大量涌现，农业规模化、标准化、集约化程度不断提高，传统的农业社会化服务已不能满足其日益增长的需求。如果没有专业化的社会化服务同步跟进，生产成本将大幅上升，规模经营将难以为继。相应地，如果没有龙头企业、合作社等多元供给主体的服务资源整合与协同响应，就不可能有效地同步跟进。毕竟，无论是需求主体的自包自揽，还是供给主体的各自为政、"单打独斗"，都囿于服务的规模性和系统性而缺乏质量和效率。因此，本着加强农业供给侧改革、提高农业服务供给质量和效率、有效响应规模农户需求的目的，以服务主体联合合作为切入点，以协同响应为战略取向的农业社会化服务供应链（以下简称"农业服务供应链"）构建与运行便成为本书研究的主题。

　　农业社会化服务正进入一个以服务供应链为载体、协同响应的时代。本书针对现有的对农业服务主体联合合作，尤其是协同响应研究不足的局限，以"以服务主体联合合作为切入点，以协同响应为战略取向，构建与规模农户成长需求相适应的农业社会化服务供应链运行机制"为主线展开研究。具体思路是：首先，借鉴国外农业社会化服务发展经验，厘清新形势下规模农户的需求特征，在此基础上，从形成路径与演进机理以及商业模式创新的角度解读服务供应链构建的理由；其次，勾勒服务供应链运行的管理框架，梳理现实的组织模式，为服务供应链构建提供管理遵循和实践范例；再其次，通过服务主体协同响应意愿以及供应链整合对服务绩效影响的实证分析，揭示供应链协同运行的深层次机理；最后，在理论研究、实践考察、案例分析和实证分析的基础上，从创新性和应用性的角度提出服务供应链协同运行的机制设计与路径选择。

运用供应链管理、共生理论等理论探讨供给侧新型服务主体培育与协同发展问题，并以规模农户成长需求为导向，从协同响应视角探讨农业社会化服务供应链构建与运行机制，无论是在农业经济管理的研究领域，还是在供应链管理、共生理论等的应用研究方面都较少见。因此，在理论上，本书将丰富和发展农业服务供应链、农业产业化经营等农业组织理论；在实践上，本书将为新形势下提高农业社会化服务供给质量和效率以及农业发展方式转变提供一种新的模式与机制，为我国家庭农场等规模农户成长以及服务主体的高质量发展提供有力支撑。

本书的价值在于提出了系列重要观点。观点之一，以供给侧改革为动力，以协同响应为切入点，以"龙头企业（集成商）＋合作社等中介服务组织（功能商）＋规模农户（客户）"型服务供应链为载体，实施服务资源整合，增强供应链协同，构建与规模农户成长需求相适应的农业社会化服务供应链协同响应机制，是降低农业生产成本，提高服务供给质量和效率、促进服务主体高质量发展的创新举措。观点之二，农业服务供给侧改革的关键是培育新型供给主体。龙头企业服务转型是一个长期渐进的过程，最终实现从聚焦农产品原料的收购商向有效整合企业自身及合作社等组织的服务资源、为规模农户成长提供全面解决方案的系统服务集成商、提供商转变。观点之三，农业社会化服务供应链构建与协同响应的价值创造性体现在两个方面：一是供应链协同产生的规模效应、品牌效应为供需双方良性互动提供了便利，降低了生产成本和交易成本；二是供应链协同产生的协同效应带来的服务增值收益。观点之四，需求响应下服务供给主体的供应链协同，实质上是建立一种以需求响应为导向的基于各自核心专长的服务外包和服务协同的供应链伙伴关系，亦即，构建一种"通过互利性行为创造新价值"的新型关系价值机制；新型服务供应链的构建与协同响应，将增强新型农产品供应链的战略协同，两者相互促进、相得益彰。观点之五，从自给自足型服务组织，到单纯市场交易型服务组织，再到服务供应链型服务组织，是农业社会化服务供应链构建的形成路径。以服务为纽带，构建"整合集成、协同响应、价值共创、共生共享"的农业社会化服务生态系统，是农业社会化服务组织创新的基本逻辑，也是农业社会化服务组织供应链取向的演进机理。观点之六，农业社会化服务供应链构建实质上是一项龙头企业主导的商业模式创新。价值主张、目标市场、价值网络、客户关系、成本与收益模式，构成该新型商业模式的五大要素。农业社会化服务供给形式的供应链取向，也是商业模式的创新过程，其驱动机制包括连接、聚合、协调、互动和共享。

本书的价值还体现在提出了系列对策建议。在农业社会化服务供应链协同运行的机制设计方面，提出了服务资源整合机制、共生伙伴选择机制、共生界面畅通机制、联合价值创造机制和共生环境诱导机制。在农业社会化服务供应链协同运行的路径选择方面，提出：推进农业社会化服务外包，促进服务规模化；强化供应链管理，提高服务供给质量和效率；推动龙头企业服务转型，提高资源整合能力；培育专业化服务功能商，提高协同服务水平；营造正向共生环境，促进供应链高质量发展。

彭建仿

2021 年 12 月

目 录

第 1 章

绪　　论

1.1　研究背景

"谁来种地、如何种地"是关系中国未来的重大现实问题。随着家庭农场和专业大户为代表的规模农户大量涌现，农业规模化、标准化、集约化程度不断提高，传统的农业社会化服务已不能满足其日益增长的需求。与普通农户相比，规模农户对个性化、专业化、优质高效和低成本的"一站式"集成服务需求更为迫切。如果没有专业化的社会化服务同步跟进，生产成本将大幅上升，规模经营将难以为继。相应地，如果没有龙头企业、合作社等多元供给主体的服务资源整合与协同响应，就不可能有效地同步跟进。毕竟，无论是需求主体的自包自揽，还是供给主体的各自为政、"单打独斗"，都囿于服务的规模性和系统性而缺乏质量和效率。为此，亟须进行农业社会化服务供给侧改革。

近年来，有关农业供给侧改革、新型农业经营主体和服务主体培育的政策频出。2016～2020 年的中央一号文件分别提出：推进农业供给侧结构性改革，加快转变农业发展方式；大力培育新型农业经营主体和服务主体；培育各类专业化市场化服务组织，推进农业生产全程社会化服务；加快培育各类社会化服务组织，为一家一户提供全程社会化服务；重点培育家庭农场等新型农业经营主体，重视培育和发展农业产业化联合体。党的十九大报告指出，深化供给侧结构性改革，要把提高供给体系质量作为主攻方向。农业农村部公布的数据显示，截至 2019 年底，我国家庭农场达到 70 万家以上，农民合作社 220 余万家，农业生产托管服务组织 42 万个。新型农业经营主体和服务主体发展迅猛，达到 300 万家以上，成为促进现代农业发展的重要生力军。

新发布的《新型农业经营主体和服务主体高质量发展规划（2020～2022年）》指出，鼓励各类服务组织加强联合合作。也就是，从产业或产品供应链角度，基于资金、技术、服务等要素纽带，以服务联合体或服务联盟等方式进行联合合作，达到功能互补、融合发展的目的。实践中，一大批农业社会化服务联合体正在兴起，成为农业服务转型升级的目标取向。作为服务联合体的拓展和微观运行形式，以"提高供给质量和效率，有效响应规模农户需求"为目的，以"合作社等农业社会化服务组织（功能商）—涉农龙头企业（集成商）—家庭农场等规模农户（客户）"型链条为组织形式的农业社会化服务供应链应运而生。

农业社会化服务供应链构建作为一项农业服务供给的组织模式创新，实现了从单纯依赖自身服务资源为农服务的"单打独斗"型服务模式向龙头企业牵头整合合作社及其他专业服务组织的服务资源为农提供集成服务的协同响应型服务模式转变。农业社会化服务正进入一个以服务供应链为载体、协同响应的时代。这里的协同响应主要是指，服务供应链中，龙头企业与合作社等功能商共同构成服务提供方，共同响应规模农户需求的行为，具体表现为服务提供方之间在服务响应及时性、服务多样性、服务成本、服务标准、服务水平以及服务质量等层面的协调配合与行为一致性。在服务主体加强联合合作的背景下，将供应链管理理论、共生理论等引入农业服务领域，创新了服务主体联合合作的研究视角，为促进服务主体的高质量发展提供了新的指南。因此，本着加强农业供给侧改革，提高农业服务供给质量和效率，有效响应规模农户需求的目的，以服务主体联合合作为切入点，以协同响应为战略取向的农业社会化服务供应链构建与运行便成为本书的研究主题。

1.2 研究意义

构建以协同响应为取向的农业社会化服务供应链，有利于提高农业服务供给质量和效率、破解中国"谁来种地、如何种地"的现实难题。本书有重要的学术价值和应用价值。

（1）学术价值。运用供应链管理、共生理论等理论探讨供给侧新型服务主体培育与协同发展问题，并以规模农户成长需求为导向，从协同响应视角探讨农业社会化服务供应链构建与运行机制，无论是在农业经济管理的研究领域，还是在供应链管理、共生理论等的应用研究方面都较少见。因此，本书将丰富和发展农业服务供应链、农业产业化经营等农业组织理论。

（2）应用价值。本书紧扣党的十九大报告及近年来中央一号文件精神，把构建农业社会化服务供应链协同响应机制作为"加强农业供给侧改革，提高农业供给体系质量和效率""通过发展适度规模经营、开展社会化服务等，降低生产成本，提高农业效益和竞争力""大力推进农业现代化"的重要突破口，并进行实用性、可操作性强的政策设计，研究成果将为新形势下提高农业社会化服务供给质量和效率以及农业发展方式转变提供一种新的模式与机制，为我国家庭农场等规模农户成长以及服务主体的高质量发展提供有力支撑。

1.3　文献综述与理论基础

1.3.1　文献综述

1.3.1.1　国外研究现状

农业社会化服务的发展源于农户生产性服务需求。在欧美等发达国家，仍主要以家庭为单位进行农业生产经营（Offutt，2002；Chaplin et al.，2004；Pritchard et al.，2007）。为弥补技术手段滞后、劳动力不足、资金短缺、风险抵抗能力弱以及交易成本高等不足，农户往往从市场购买某些农业服务（Viaggi，2011；Akudugu，2012）。相关研究也关注到农业生产性服务业对农业发展的影响。例如，有学者探讨了生产性服务作为直接投入对农业的影响（Reinert，1998）；有学者对加拿大农业生产性服务的需求状况的研究表明，农业对生产性服务的需求呈上升趋势（Postner，1975）。另外，有研究表明，不同农户对农业社会化服务的需求存在差异（Klerkx，2008），主要影响因素有年龄、学历等户主特性（Kibwika，2009），土地规模、劳动力数量、人均纯收入等经营状况（Asfaw，2012），还包括农户家庭收入结构、是否兼业等（Kuehne，2013）。在农业社会化服务组织协同方面，组织协同利于解决农业社会化服务缺乏针对性、影响力、公平、效率和效益等问题（Robent P. Rentz，1997；William M. Rivera，1996）。在私人公司作为农业服务重要主体的美国，农业综合一体化服务的重要形式是农工商综合体（Davis et al.，1957）。

1.3.1.2 国内研究现状

农业社会化服务研究方面，主要集中在现状、存在问题、发展思路等定性层面（关锐捷，2012；杜志雄，2013）。构建新型农业社会化服务新机制，对于"小农户"对接"大市场"以及转变农业发展方式、助推实现农业现代化具有重要意义（陈晓华，2012；姜松、王钊、周宁，2015；罗明忠、邱海兰、陈江华，2019）。此外，农业社会化服务对土地规模经营有正向影响（杨子、饶芳萍、诸培新，2019）。目前，多元主体的农业社会化服务体系基本形成（孔祥智、徐珍源、史冰清，2009）。服务供给主体的多元化决定了供给模式的多样性，正确选择农业社会化服务供给模式可以降低农业社会化服务成本，提高服务质量和效率（王洋、殷秀萍、郭翔宇，2011）。然而，我国农业社会化服务发展仍面临供需结构失衡、制度衔接不畅、发展相对滞后、各服务主体之间缺乏有效地协调等问题（张颖熙、夏杰长，2010；高强、孔祥智，2013；胡亦琴、王洪远，2014；孔祥智、徐珍源、史冰清，2009）。

不少学者从供需的角度对农业社会化服务问题进行研究。有的针对一般农户服务需求意愿进行研究（王瑜、应瑞瑶、张耀钢，2007；庄丽娟、贺梅英、张杰，2011；徐金海、蒋乃华、秦伟伟，2011；谈存峰、李双奎、陈强强，2010）；农业社会化服务需求受土地规模、土地流转年限、农业生产收入以及农业服务水平等因素的影响较为明显（刘大鹏、刘颖、陈实，2019；王钊、刘晗、曹峥林，2015）。有学者指出，家庭农场生产规模较大，迫切需要为其产前、产中、产后各个环节提供全方位的社会化服务（朱启臻、胡鹏辉、许汉泽，2014）；有学者结合扬州地区 264 个样本农户的调查，分析了种粮大户对不同类型农业社会化服务的需求意愿及其影响因素（夏蓓、蒋乃华，2016）。

相关研究强调了龙头企业的作用，为其服务转型提供了理论依据。对于合作社和农业企业，服务是其主要职责。龙头企业为农民提供社会化服务优势明显（程莹莹、张开华，2015），通过打造农业全产业链，着力构建以龙头企业为主体的多层次农业社会化服务体系。龙头企业虽扮演着"骨干"作用，但由于全盘意识不强、服务定位水平较低，存在资金服务明显不足且产前、产中、产后各环节覆盖明显不足等问题（谭智心、孔祥智，2009）。新形势下，新型主体农业服务需求面临个性化、全程化、综合性三个重要转变（钱克明、彭廷军，2013）。为此，要转型改造挖掘传统组织资源，引导不同类型服务主体完善分工协作、优势互补关系；要支持龙头企业通过加强农业服务体系建设间接带动农户，引导龙头企业在服务体系建设中，加强联合和协作（姜长云，2011），在服务过程中建立紧密的利益联结机制（高强、孔祥智，2013）。这些论述无疑为龙头企业服务转型指明了方向。而龙头企业充当农业服务集成商的思想则来自集成物流服务供应商（田宇，2003）。

有关文献为农业服务领域导入供应链管理提供了借鉴。例如，将供应链管理思想应用于服务领域，即形成服务供应链（金立印，2006）；服务供应链管理的核心在于整合服务资源，共同创造顾客价值（简兆权、李雷、柳仪，2013）；服务供应链之所以产生，在于适应环境和客户价值的变化（宋华、于亢亢、陈金亮，2013）；农业社会化服务供应链是服务供给主体从"单打独斗"、各自为政向协同响应、价值共创转变的一次组织创新（彭建仿，2017）。

有关文献专门聚焦农业生产性服务业。有学者指出，农业生产性服务业可视作我国农业现代化进程中的第三次动能（冀名峰，2018）。目前，农业生产性服务业处于农业全产业链服务均衡发展局面、多元市场服务主体错位发展和分工协作格局逐渐形成的时期（芦千文、高鸣，2020）。构建"分工协作、要素融通、协同发展和利益共享"的农业社会化服务联合体，是三峡库区农业社会化服务转型升级的目标取向（胡霞、彭建仿，2019）。农业生产性服务平台或集成供应商模式，是当前农业生产性服务业发展的四种主要模式之一（姜长云，2020）。可见，服务主体联合协作、整合集成正成为农业生产性服务业发展的一项共识。

1.3.1.3 研究动态简评

综观上述研究，国外学者的研究对我国农业社会化服务供给侧改革有一定的借鉴指导意义，但这些研究的视角都囿于国情差异而有失偏颇，在供给主体协同响应等具体问题上，缺少针对我国的适宜之策。国内学者所做的研究也存在以下三点不足：一是从供给体系构建、供给主体各自为政的研究较多，从协同响应视角构建农业社会化服务供应链的研究较少；二是从工业领域关注服务供应链的研究较多，从农业领域关注服务供应链的研究较少；三是农业社会化服务供求研究大多集中在数年以前，且是针对一般农户需求的研究，对新形势下有效响应新型主体需求的研究较少。正是上述"三多三少"，为本书创造了较大的研究空间。

1.3.2 研究界定

1.3.2.1 研究对象

本书涉及的农业社会化服务主要界定为农业生产性服务中的农业经营性服务，其供给主体是各类经营性服务组织，主要包括龙头企业、合作社及其他农业社会化服务组织。合作社属半公益、半经营性质，本书选择其经营性职能属性。其他农业社会化服务组织如专业服务公司、专业服务队等。为便利，在本书研究中将合作社及其他农业社会化服务组织包含在"合作社等中介服务组织"中。家庭农场、专业大户等规模农户是服务需求主体。龙头企业、合作社等中介服务组织、规模农户三者构成农业社会化服务供应链，其构建与运行机制，便成为本书的研究对象。

1.3.2.2 家庭农场

家庭农场是指以家庭成员为主要劳动力，从事农业规模化、集约化、商品化生产经营，并以农业收入为家庭主要收入来源的新型农业经营主体。家庭农场作为新生事物，各地都处在发展的起步阶段，其具备条件尚无统一明确规定。家庭农场具有法人资格，对家庭成员户籍性质、土地规模程度、现代农业技术、生产装备条件以及现代管理水平等有一定要求，是适度规模经营的主要载体。本书在后面的问卷调研说明中对家庭农场的规模有具体界定。

1.3.2.3 专业大户

专业大户不具有法人资格，是按照"风险自担，利益自享"的原则，利用现有土地（大多租赁土地）从事一定规模的农业（种养）生产经营的经济实体。种养大户是家庭农场的雏形，按照相关政策规范引导可转型为家庭农场。

1.3.3 理论基础

1.3.3.1 供应链管理理论

（1）供应链管理的内涵。供应链管理理论源自制造业。从 20 世纪 80 年代后期开始，国际上众多制造企业纷纷摒弃传统采用的"纵向一体化（vertical integration）"经营管理模式，该模式存在诸多弊端，例如增加企业投资负担、企业不得不从事不擅长的业务活动、在各个业务领域都直接面对众多竞争者以及增大企业的行业风险等，取而代之的是"横向一体化（horizontal integration）"模式的兴起，即企业把主要精力放在培育和提升核心竞争力上，而利用企业外部资源快速响应市场需求。在"横向一体化"模式下，产生了一条贯穿供应商、制造商、分销商等所有企业的"链"。这些相邻节点企业呈现出一种需求与供应的关系，当把所有相邻企业依次连接起来，就构成了供应链（supply chain）。当然，这就要求链上的节点企业必须同步、协调运行，以使链上的所有企业都能受益。于是，产生了一种新的经营与运作模式，这就是供应链管理（supply chain management，SCM）。供应链管理的优点在于既可以避免"纵向一体化"带来的管理成本过高的弊端，又可以获得"横向一体化"引致的交易成本降低的好处。

供应链管理是一种集成的管理思想和方法，这是有关供应链管理较为一致的观点。"全球供应链论坛"［由俄亥俄州立大学（Ohio State University）发起］提出，供应链管理通过集成从最终用户到最初供应商的商业流程，为客户以及其他相关者提供产品、服务和信息，以实现增值。有学者认为，供应链管理是集成概念，以管理从供应商到最终用户的整体渠道流通（Lisa et al.，1990）。供应链管理是各合作伙伴为实现增值而进行的协作，以满足最终客户的需求，其成功取决于对人力、技术资源的开发和集成，以及对资金流、物流和信息流的协同管理（Stanley et al.，2001）。供应链管理是对企业内部以及供应链中的传统职能和手段进行系统性、战略性的协调，以提高本企业以及供应链伙伴的长远绩效（Mentzer et al.，2001）。美国供应链协会认为，供应链管理是整个供应链的管理，包括供应与需求、原材料与零部件采购、制造与装配、仓储与存货跟踪、订单录入与管理、分销以及向顾客交货。供应链管理不是供应商管理，应看作一种新的管理策略，它是将不同企业集成起来以提高整个供应链的效率，并强调企业之间的合作（Phillip et al.，1996）。马士华等（2000）认为，供应链管理是一种集成的管理思想和方法，它使供应链的采购、生产、分销和销售等活动合理分工、协调发展，供应链上的各个企业是一个不可分割的整体。

国家标准物流术语（GB/T 18354—2001）将供应链管理定义为：利用计算机网络技术全面规划供应链中的商流、物流、信息流、资金流等，并进行计划、组织、协调与控制。刘刚（2005）提出，供应链管理是从系统的观点出发，以集成思想对供应链中的物流、资金流、信息流进行设计、规划和控制，以最大限度地减少供应链中各成员的内耗和浪费，通过整体最优提高供应链竞争力或绩效，实现全体成员的共赢。

（2）供应链管理的应用。供应链管理与传统管理模式有着明显的区别，其应用应注意以下方面。供应链管理视供应链所有节点企业为一个整体；供应链管理强调和依赖战略管理。"供应"是整个供应链节点企业之间共享的一个概念（任两节点之间都是供应与需求关系），同时它又是一个有重要战略意义的概念，因为它影响或者决定了整个供应链的成本和市场份额；供应链管理不是节点企业的简单连接，必须依靠集成的思想和方法；供应链管理不是仅仅完成一定的市场目标，而是通过管理库存和合作关系提供高水平的服务，实现更高的目标。

供应链管理引入农业社会化服务领域，是一种微观管理模式的创新。在供应链管理环境下，各服务供给主体（龙头企业、合作社等中介服务组织）应本着整体、集成和协同的思想，以有效响应规模农户需求为目标，以合作伙伴关系为纽带，通过整体最优提高整个供应链的竞争力以及各自的绩效。

作为我国现代农业发展的重要支撑，农业社会化服务正在向纵深发展，供应链管理所揭示的整体观，迫使龙头企业重新认识合作社等中介服务组织的地位和作用，也对中介服务组织提出了更高的要求。龙头企业与合作社等中介服务组织之间的关系在新形势下又有了新的内涵，那就是相互协同、相互依存，这种源于资源整合与有效响应而日益密切的服务供应链上下游成员依存关系，能在资源与优势互补中促进供应链向更具竞争优势的方向演化。因此，供应链管理不仅为龙头企业、合作社等中介服务组织以及规模农户等节点成员提供了一种管理思想和战略理念，也为节点成员构建和发展一种新型的共生关系提供了契机。

1.3.3.2　共生理论

共生理论是生物界的共生学说引入社会科学领域的理论成果。共生理论提出了一些基本思想和观点，为研究服务供应链节点成员的关系提供了一种新的视角。启迪性观点包括：共生是自然界与人类社会共有的普遍现象；共生既是一种自然状态，也是一种可塑形态；共生既是一种生物识别机制，也是一种社会科学方法；协同是自然与人类社会演进的基本动力，协同与合作是共生的实质；无论是自然界还是人类社会，共生发展的必然趋势都是对称性互惠共生，等等。

1879 年，德国生物学家安顿·德巴里（Anton de Bary）提出"共生"概念。其定义是不同种属基于某种物质联系而生活在一起。社科领域中的共生，是指在一定的共生环境中，共生单元之间按某种共生模式形成的关系。共生的三要素包括共生单元、共生模式和共生环境。

（1）共生单元。形成共生关系或共生体的基本能量生产和交换单位，即共生单元。共生单元的性质和特征因共生体不同而不同。细胞共生体中的共生单元，就有细胞核、细胞质和线粒体。家庭共生体中，每一个家庭成员都是共生单元，而在社区共生体中，家庭就成为共生单元。在企业共生体中，每一个企业员工都是共生单元，在一个行业中，每一个企业都是共生单元。在农业服务供应链中，供应链上的每一个节点成员都是共生单元，例如龙头企业、合作社等中介服务组织以及规模农户。

（2）共生模式。共生单元相互作用的方式或相互结合的形式，即共生模式。共生模式是共生关系的各种具体表现形式和存在状态。它是共生单元之间作用方式、作用强度的反映，也是共生单元之间物质信息交流、能量互换方式的反映。共生模式包括共生组织模式和共生行为模式两种：前者反映共生的组织程度，有点共生、间歇共生、连续共生和一体化共生等模式；后者反映共生的行为方式，有寄生、偏利共生和互惠共生等模式。组织程度和行为方式的各种结合构成完整的共生关系。随着共生环境的变化或共生单元性质的变化，点共生可以向间歇共生、连续共生乃至一体化共生演变，寄生共生也可以向偏利共生和互惠共生演变。因此，共生关系不是一成不变的。

（3）共生环境。共生环境是指共生单元以外的一切因素的总和。共生关系或共生模式的发展演变离不开特定的共生环境。菌类与植物的共生，需要一定的土壤环境或水环境。与家庭共生体对应的有社会环境，与企业共生体、农业服务供应链共生体对应的有市场环境和政策环境等。按影响的方式不同，可分为直接环境和间接环境；按影响的效果不同，可分为正向环境和负向环境。

（4）三要素的关系。共生单元、共生模式、共生环境在共生关系中分别扮演基础角色、关键角色和重要外部条件角色。由于共生模式既反映和确定共生单元之间的生产和交换关系，也反映和决定共生单元对环境的影响或贡献，以及反映共生关系对共生单元和共生环境的作用，因此，共生模式至为关键。三要素之间的关系如图1-1所示。

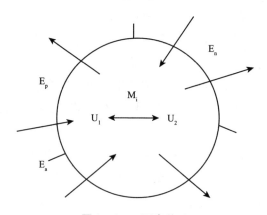

图1-1 三要素关系

资料来源：袁纯清. 共生理论［M］. 北京：经济科学出版社，1998.

图 1 - 1 中, U_1、U_2 表示两个共生单元, 例如农业服务供应链共生体中的龙头企业与合作社等中介服务组织。M_i 表示 U_1、U_2 之间的某种共生模式, 这种模式的具体取向随 U_1、U_2 的性质及变化和环境的性质及变化的不同而不同, 其可能取向由表 1 - 1 给定。

表 1 - 1　　　　　　　　　　共生模式 (M_i) 的可能组合

项目	点共生	间歇共生	连续共生	一体化共生
寄生	M_{11}	M_{12}	M_{13}	M_{14}
偏利共生	M_{21}	M_{22}	M_{23}	M_{24}
非对称性互惠共生	M_{31}	M_{32}	M_{33}	M_{34}
对称性互惠共生	M_{41}	M_{42}	M_{43}	M_{44}

资料来源: 袁纯清. 共生理论 [M]. 北京: 经济科学出版社, 1998.

M_i 取向由一定时空条件下的共生单元和共生环境决定, 其中, 共生单元的性质起着决定性作用。E_a、E_n、E_p 分别表示三类不同的共生环境。E_a 代表正向环境, 对共生关系起激励和积极作用; E_p 代表反向环境, 对共生关系起抑制和消极作用; E_n 代表中性环境, 对共生关系既无积极作用, 也无消极作用。这种消极或积极作用是通过对共生过程中物质、信息及能量的生产和交换的抑制和激励来实现的。图中箭头指向表示物质、信息或能量的流向。图 1 - 1 既是三要素关系的示意图, 也是共生关系的最简单的模型。

共生理论所揭示的共生现象的普遍性, 不仅拓展了本书的视野, 而且为农业服务供应链中龙头企业与合作社等中介组织以及规模农户关系的重构提供了理论框架和分析方法。农业服务供应链各节点成员的共生只是一个微观视角, 放在中国构建和谐社会的大背景下, 更具时代性和现实意义, 那就是从各节点成员共生升华到城乡和谐共生再到整个社会和谐共生。不仅如此, 在节点成员互惠共生以及共生体与环境互惠共生的逻辑路径下, 构建农业社会化服务主体联合合作机制以及 "共生、协同、共创、共赢" 的农业社会化服务生态系统, 对于提高我国农业社会化服务供给质量和效率无疑具有重要的理论与现实意义。

1.4　国外农业社会化服务发展经验与启示

1.4.1　美国

美国农业现代化建设之所以走在世界前列，与其发达完善的农业社会化服务体系密不可分。美国农业以家庭农场经营为主。为农场主提供经营性农业社会化服务的组织主要有两类：一类是农业合作社；另一类是私人公司。

1.4.1.1　农业合作社

农业合作社是农民自己的组织，实行民主管理，按市场机制运作，设有董事会，日常事务由聘请的经理负责。农业合作社提供服务具有以下特点：（1）合作社以服务为本，服务覆盖全产业链。美国农业合作社基本上都可视为服务性质的合作社，其为农民提供农资供应、灌溉、植保、收获、运输、加工、仓储、销售等产前、产中、产后服务。此外，也提供讲价、金融、保险甚至电力、电话等服务。（2）社员既是服务的购买者，也是服务收益的共享者。购买合作社服务的社员，称为"惠顾者"。年终分配时，依照惠顾者与合作社的交易额，按比例分配合作社利润盈余。其利益分配的基本原则是，共享盈利、共担风险。（3）合作社主要通过业务服务与社员进行连接。合作社与社员之间建立基于商品交换、单纯业务往来的关系。当然，由于合作社是社员自己所组建和掌握的服务组织，它与农场主社员的关系比私人公司与农场主的合同关系更为牢固。（4）合作社服务范围以为社员服务为主。合作社在有余力的情况下才能为非社员提供服务，但为非社员提供的服务不得超过合作社业务量的一半。（5）差异化的合作供销。即不同的服务由不同类型的合作社分别提供，例如，综合性合作社提供采购、销售、物流、信用合作、互助保险等广泛的服务，专业合作社往往只提供采购、销售及物流服务。

1.4.1.2　私人公司

私人公司扮演着非常重要的角色，其提供服务具有以下特点：（1）提供的服务涵盖了产前、产后和产中服务的绝大部分。一是产前服务。包括农场生产所需的农业生产资料，例如种子、农药、化肥和机械等，还包括农业机械的保养、维修等服务。二是产中服务。例如，农业生产过程中的农药喷洒、除草、耕种收等服务。三是产后服务。例如，农产品的运输、储存、加工、销售等服务。此外，还提供金融、保险、信息以及教育科研和推广服务。（2）通过签订供销合同和垂直一体化进行服务联结。私人农业服务体系主要包括农资生产和供应企业，以及农产品加工、流通企业。农工综合体是其典型形式，即采取签订供销合同和垂直一体化方式，把农资和耕种收、植保等产中环节，以及农产品流通加工环节联结起来。具体而言，私人农业服务系统分别通过农资供应商与农场主结合的后向一体化以及加工、销售企业与农场主结合的前向一体化两种方式进行联结，私人公司在其中发挥组织协调作用，这种作用在前向一体化中尤为明显。（3）采取"公司＋农场"或"公司＋农户"的服务模式。"公司＋农场"模式适用于农产品加工销售领域，农场为公司提供稳定的农产品货源，而农产品的加工销售则交由私人公司完成。这种模式下农场相当于公司的一个生产车间，双方建立起紧密的合作关系。"公司＋农户"模式则体现在更多领域，既可以是产前的农资供应，也可以体现在产后的农产品加工销售上。与"公司＋农场"模式不同，"公司＋农户"模式下，公司基于合同为农户提供农资或农产品收购服务，双方纯粹以合同为介质，建立互利的商业关系。（4）服务更看重综合收益。农事服务是带着产品服务的，不单靠服务赚钱。私人公司为农户提供"农资＋服务"的解决方案（例如，只要购买一定数量的肥料和种子，就为农户提供免费播种服务），确保农户种植收益，私人公司则获取综合收益而不是单项收益。

1.4.2　日本

日本是农业发达国家，但农业规模化程度不高，以小农经济为主。日本的各种农业服务统一由农业协同组合（简称"农协"，即农业合作社）来承担。日本农协具有法人地位，其组织自上而下分为三个层次，即：中央农协—地方农协（县联）—基层农协（单位农协）。

农协提供服务具有以下特点：（1）服务具有高度综合性。提供的农业服务主要有：购买和销售服务（农协统一购买，具有垄断性，市场议价能力强，交易成本低，从而降低了农业生产的成本；农协作为一个强大的组织，可以确保让厂家提供合格的农资产品）、信贷保险（农协的主要收入来源）、共同利用设施（由农协建设或购买某些急需设施，供社员有偿使用，而不用社员独自购买，例如大型拖拉机、联合收割机、大米加工设备、选果场、农用仓库、保温库等）、营农指导（帮助农民制订各种短、中期农村发展计划，以及指导农民应对农业经营中的问题）等。另外，农协还提供农业生产的合作化服务（共同育秧、共同植保、共同收获等）。（2）不同性质的农协提供差异化的服务。综合农协为本地区农户提供多元化服务；专业农协则以从事同一专业生产的农户为服务对象，主要为专业农户提供农资供应、技术指导和产品销售等服务。（3）合作社主要为社员提供服务。对非社员提供服务受到严格限制，原则上不超过其总量的 20 %。（4）农协与农民的服务联结较紧密。农协具有广泛的群众基础，尤其基层农协与农民联系最多，连接最紧密，基层农协几乎包揽了插秧割稻等服务。

1.4.3　法国

法国农业极为发达，是欧洲最大的农业国。在法国农业社会化服务体系中，农业基础设施建设，农业科研、教育与推广以及信用贷款等公共服务职能主要由各级政府承担。农资供应、技术培训、市场信息、农产品收购、加工及销售等服务则由农林部的下属机构承担。

开展农业社会化服务的经营性组织主要有两类：一类是农业合作组织；另一类是私人企业。中等规模的家庭农场是法国农业生产的主体。农业合作社、私人企业与家庭农场之间按照农工商一条龙、产供销一体化的经营模式，开展分工合作。

1.4.3.1　农业合作组织

法国农业合作组织发达，有农业服务合作社、农业供销合作社等多种组织形式。农业合作社主要提供农资供应、共同使用设备、技术、农产品购销、加工、和贮藏等服务。不同性质合作社提供的服务不同，例如农业服务合作社提供农资、物流运输及加工等综合性服务，而农业供销合作社则专门提供购销领域的服务。此外，一些农合组织联合会还创办了农业设备公司、种子公司、化肥公司等，为其所属的合作社提供各种服务。

1.4.3.2 私人企业

私人企业主要提供农产品收购、加工、流通及销售服务。私人企业提供服务有两种组织形式：一是构建一个有着统一经营体制的综合体，将产供销各阶段的服务企业纳入其中，由综合体的总部组织协调所有活动，隶属企业则按照一体化生产的需要提供服务；二是企业只参与农业产供销一体化经营特定阶段的服务提供活动，私人企业和农场主之间只存在松散的合同关系。

1.4.4 四点启示

1.4.4.1 发达完善的农业社会化服务体系已成为一国农业现代化的本质特征

美、日、法三国农业发展的经验表明，农业现代化必须依靠发达完善的农业社会化服务体系的强力支撑。一方面，政府应在农业社会化服务体系构建中发挥主导或引导支持作用，不仅注重在农业公共服务领域发挥主导作用，而且应为农业经营性服务领域营造良好的发展环境，从税收、财政等方面为合作社、涉农企业等各类服务组织的发展壮大提供政策支持。另一方面，充分发挥政府、合作社、涉农企业等各类服务主体的合力，为农业产前产中产后提供一揽子服务解决方案，实现农户受益、农业增效和农业提质，促进农业现代化和农业高质量发展。因此，加快培育新型服务主体，建立健全完善的农业社会化服务体系，成为我国实现农业现代化的必然选择。

1.4.4.2 响应和满足农业生产者需求是服务组织发展定位的根本遵循

依托农业社会化服务，可以使农业生产者（农户）摆脱"小而全"和自给自足的自然经济状态，实现节本增效和可持续发展。响应和满足农业生产者需求，是各类服务组织发展定位、功能演变的根本遵循。除了政府为农支农的职责所系，合作社、涉农企业的服务定位和作用发挥也有区别，但都需要及时响应和满足农业生产者的需求，这也是服务主体遵循市场规律的必然选择。不仅如此，随着农业生产者的服务需求不断变化，或服务对象变化（从小农到大农场）引致的服务需求变化，则服务主体的服务内容、服务形式也将因时而变、因势而变。例如，及时调整农业全产业链全过程服务，或综合化，或专业化。事实上，响应和满足农业生产者需求，同样关乎着服务组织的竞争力提升和持续发展，这也正是服务组织响应需求取向的关键动力。因此，以需求为导向，也是我国以合作社、龙头企业、专业服务组织等为重点的服务组织今后发展转型的行为指南。

1.4.4.3 服务主体之间的合作更趋紧密

随着农业生产的社会分工和专业化程度不断加深，也作为对响应和满足农业生产者需求的进一步延伸，最终都形成不同形式的社会化服务体系，涌现出不同的服务主体以及不同的服务主体间合作连接方式。例如，或采用"公司+农场"形式，或采用"公司+农户"形式；或实施前向一体化，或实施后向一体化；或关联紧密，或关联松散；抑或是进行某种资源整合和制度设计，提供类似于"农资+服务"的解决方案。总之，从各国服务组织提供农业社会化服务的发展趋势来看，很多方面的服务都由一般性松散性的服务向经常性紧密性的服务发展，并通过合同或社会规范而稳定下来，随着供需主体之间的关系变化，与之相适应的服务供给主体之间的合作连接也更趋紧密，向一体化方向发展。因此，加强服务主体之间的联合合作，是我国农业社会化服务组织增强自身实力、实现高质量发展的重要方略。

1.4.4.4 与时俱进，建立符合国情的农业社会化服务生态体系

美国、日本、法国等国家的农业社会化服务实践，都有其鲜明的国情特征。政府的支持和参与，各类服务组织共同发挥作用，因时而变因势而变、响应和满足农业生产者需求的农业社会化服务的有效供给，这些都是不同国家农业社会化服务应有的共性。对照我国"大国小农"以及"新型经营主

体和服务主体不断涌现"的国情，只能在"有所借鉴"的基础上，进行符合国情的"有所为"的创新。因此，亟须与时俱进，以响应特定服务对象（如规模农户）需求为导向，以"由谁提供服务""如何提供服务""如何提高服务供给质量和效率"为主线，构建有利于各主体利益共享、价值共创的农业社会化服务协同响应机制，对于构建符合中国国情的农业社会化服务生态体系具有非常重要的现实意义和理论意义。

1.5 研究内容

全书共六章，归并为五个部分。

第一部分 农业社会化服务供给侧改革的契机与方向：现实观照与协同响应。

该部分包括第一章绪论、第二章新形势下规模农户农业化服务需求特征。结合现代农业发展和新型主体成长的客观要求，分析新形势下农业社会化服务的需求特征和供给困境；对农业社会化服务和新型主体的相关研究文献进行系统的梳理，同时引入若干基础理论（如供应链管理、共生理论）作支撑；在借鉴国外农业社会化服务发展经验的基础上，从供给侧主体组织创新、协同响应的角度，提出"以协同响应为战略取向，构建与规模农户成长需求相适应的农业社会化服务供应链协同响应机制"的农业社会化服务供给侧改革的创新思维和命题。

第二部分 农业社会化服务供应链构建：多维解读。

该部分为第三章。农业社会化服务供应链是农业社会化服务供给侧协同响应的新型组织载体。从农业社会化服务供应链的内涵、必要性与可行性、形成路径与演进机理以及商业模式创新的角度，对农业社会化服务供应链存在的理由进行解读。

第三部分 协同响应下服务供应链运行分析：管理框架与组织模式。

该部分为第四章。勾勒服务供应链运行的管理框架，系统界定服务供应链运行的基本范畴，利于龙头企业把握管理重点，建立管理遵循，提高管理效率。梳理实践中涌现出的组织模式，为农业社会化服务供应链运行提供实践范例。

第四部分 服务供应链运行机理：服务主体协同响应的实证分析。

该部分为第五章。建立经济计量模型，分别对服务供应链环境下服务组织、龙头企业的协同响应意愿进行实证分析；在此基础上，运用结构方程模型探讨供应链整合（包括整合机制和整合信息技术）对农业社会化服务绩效的影响及协同网络的中介作用。

第五部分 农业社会化服务供应链构建与协同运行的机制与路径。

该部分为第六章。首先，在前述内容系统分析的基础上，围绕服务资源整合、共生伙伴选择、共生界面畅通、联合价值创造以及共生环境诱导等方面提出服务供应链构建与协同运行的机制设计；其次，从推进农业社会化服务外包、强化供应链管理、推动龙头企业服务转型、培育专业化服务功能商以及营造正向共生环境等方面提出提高服务供给质量和效率以及促进服务供应链高质量发展的路径选择与政策建议。

1.6　研究思路与方法

本书以"以服务主体联合合作为切入点，以协同响应为战略取向，构建与规模农户成长需求相适应的农业社会化服务供应链运行机制"为主线，遵循"命题提出—理论与实证分析—对策建议"思路展开。具体思路是：首先，借鉴国外农业社会化服务发展经验，厘清新形势下规模农户的需求特征，在此基础上，从形成路径与演进机理以及商业模式创新的角度解读服务供应链构建的理由；其次，勾勒服务供应链运行的管理框架，梳理现实的组织模式，为服务供应链构建提供管理遵循和实践范例；再其次，通过服务主体协同响应意愿以及供应链整合对服务绩效的影响的实证分析，揭示供应链协同运行的深层次机理；最后，在理论研究、实践考察、案例分析和实证分析的基础上，从创新性和应用性的角度提出服务供应链协同运行的机制设计与路径选择。技术路线如图 1－2 所示。

本书主要采用以下方法进行研究。

（1）文献研究法。通过对农业社会化服务发展缘起、供需状况、发展趋势以及供应链管理等研究文献进行梳理，构建起农业社会化服务供应链协同响应的理论体系。

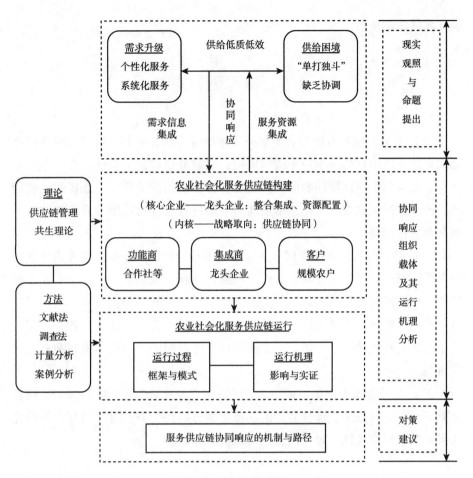

图 1-2 技术路线

（2）调查法。运用问卷调查、实地考察、访谈等方式，对农业社会化服务发展现状、服务主体以及新型主体供需意愿等进行调查和评价。

（3）计量分析法。采用二元 Logistic 回归模型，分别对服务供应链环境下农业社会化服务组织、龙头企业协同响应意愿的影响因素进行实证分析；运用结构方程模型探讨供应链整合（包括整合机制和整合信息技术）对农业社会化服务绩效的影响及协同网络的中介作用。

（4）案例分析法。选取新希望六和的"担保鸡"服务模式和安徽农服的"331"服务模式两种典型模式，通过典型案例的比较分析，揭示农业社会化服务供应链这一创新性商业模式的要素和演化机制；结合山西翼城模式、金丰公社等典型个案，对服务供应链运行的具体组织模式进行分析，揭示其实践应用价值。

1.7 研究创新点

（1）本书突破现有的对农业服务主体联合合作，尤其是协同响应研究不足的局限，提出以协同响应为战略取向，以服务供应链为载体，突出龙头企业资源整合与供应链协同响应，并研究了供应链协同响应的内在机理、机制与路径，从组织创新及合作思维创新入手实现农业社会化服务供给侧改革的机制和路径创新。

（2）本书嵌入供应链管理、共生理论等理论研究农业服务供需主体之间的关系，深化了服务主体联合合作的视野，创新了农业经济管理中农业微观经营主体的研究视角。另外，新型服务供应链的构建与协同运作，增强了新型农产品供应链的战略协同，构建起以社会化服务为核心纽带、各主体互惠共生的供应链伙伴关系，创新并夯实了各主体之间的利益联结机制和有效对接机制。

（3）本书运用生物学、管理学、经济学以及社会学等多学科理论，结合文献研究法、调查法、计量分析法以及案例分析法等方法进行研究，使研究成果更具学科交叉性、理论创新性与现实指导性。

第 2 章

新形势下规模农户农业社会化服务需求特征

本章以东、中、西部 11 个省（市）422 个规模农户的调查数据，运用描述性统计方法分析了新形势下规模农户农业社会化服务需求现状。结果表明，新形势下规模农户的农业社会化服务需求呈现出服务需求多样化、服务需求品质化、服务供给联合化、集成化和服务关系紧密化的特征。结合规模农户对服务资源获取方式、供需匹配等方面的期待，从目标导向、组织载体、主体培育以及政策扶持等方面提出了若干政策建议。

2.1 引言

在推进农业供给侧结构性改革的新形势下，家庭农场、专业大户等规模农户作为中国破解"谁来种地、如何种地"难题的新型主体，正面临新的发展机遇，也面临"农业社会化服务供给缺乏质量和效率，生产成本上升，规模经营难以为继"的成长烦恼。显然，规模农户对农业社会化服务（简称"服务"）的需求不同于过往，也不同于普通小农。规模农户在服务时效性、集成化、品牌化方面的要求明显强于普通农户，服务供求矛盾较为突出。规模农户对个性化、专业化、优质高效和低成本的"一站式"集成服务需求更加迫切。

近年来，针对农户农业社会化服务需求的研究主要集中在农户服务需求优先序、农户服务需求状况以及其影响因素等方面（李荣耀，2015；韩剑萍、李秀萍，2018；王钊等，2015；刘新智、李璐，2015），也有学者分析了种植大户的服务需求意愿、影响因素以及最迫切的服务需求（夏蓓、蒋乃华，2016；

罗小锋等，2016）。但这些研究要么是针对的是普通农户，要么是单个或极少数的地区样本，而对新形势下全国更大范围规模农户的服务需求特征缺乏一手调研和实证分析。因此，新形势下规模农户的服务需求有何新特点，目前的服务供给存在哪些不足，如何更好地满足规模农户需求，解决其成长的烦恼，本章结合全国 11 个省（区、市）的实地调研，以期回答这些问题。

2.2　数据来源

数据来源于 2017 年 7 月～2019 年 8 月，课题组成员及 40 余名研究生、本科生利用寒暑假分别在东部（江苏、河北、山东）、中部（吉林、黑龙江、安徽、湖北、河南、山西）和西部（重庆、四川）等 11 个省（市）进行的实地调研。为保障调研问卷质量，首先，课题组将调研问卷提交专家审议，并在小范围预测试后，修改完善得到最终问卷；其次，课题组分批次对参与调研的学生进行了系统的培训，在调研过程中，针对其遇到的问题给予远程（电话、QQ 等）指导；最后，调研问卷回收后，课题组对部分被调研对象进行了电话随机回访，验证调研问卷的真实性。此次被调研对象主要以从事规模种植（粮油茶、蔬菜、水果）和养殖（畜禽、水产）的家庭农场及专业大户（统称为规模农户）为主。由于各地区资源禀赋差异，对规模农户的界定标准不一，本书将种植面积达到 30 亩以上认定为种植大户，养殖大户为水产养殖面积 20 亩以上、奶牛 10 头以上、肉牛 30 头以上、羊 100 只以上、鸡 1000 只以上、猪 50 头以上。调研内容涉及规模农户基本特征、农业社会化服务需求情况以及与农业社会化服务组织合作情况等。本次调研共收回 473 份问卷，有效问卷 422 份，有效率为 89.2%（见表 2－1）。

调查结果显示，受访者主要以农业生产决策者为主，占比高达 94.3%。受访者中，男性占比 84.4%，女性占比 15.6%。从年龄来看，31～60 岁年龄层的人数最多（占比 86.7%），年龄最小者为 19 岁，年龄最大者为 82 岁；从家庭中从事农业人数来看，人数最多的为 9 人，1～2 人占比 46.9%，3～5 人占比 37.8%，5 人以上的仅占 3.8%；从经营类型来看，72.5% 的规模农户以种植业为主，20.4% 的规模农户以养殖业为主；从经营规模来看，46.9% 的规模农户属于小规模经营（种植面积在 200 亩以下、养殖水面 50

亩以下、奶牛 50 头以下、牛和猪 100 头以下、鸡 3000 只以下、羊 300 只以下），27.0% 属于中等规模农户（种植面积 200～500 亩、养殖水面 50～100 亩、奶牛 50～100 头、牛和猪 100～500 头、鸡 3000～5000 只、羊 300～500 只），大规模农户占比 26.1%（种植面积 500 亩以上、养殖水面 100 亩以上、奶牛 100 头以上、牛和猪 500 头以上、鸡 5000 只以上、羊 500 只以上）；有 52.6% 的规模农户加入了合作社。规模农户经营领域、文化程度、年收入和经营年限等情况如表 2－2 所示。

表 2－1　　　　　　　　　　被调查规模农户地区分布情况

地区	规模农户（个）	比例（%）	地区	规模农户（个）	比例（%）
东部地区	129	30.6	湖北	28	6.6
江苏	60	14.2	河南	27	6.4
河北	26	6.2	山西	23	5.5
山东	43	10.2			
中部地区	207	49.1	西部地区	86	20.3
吉林	46	10.9	重庆	49	11.6
黑龙江	23	5.5	四川	37	8.7
安徽	60	14.2	合计	422	100.0

表 2－2　　　　　　　　　　被调研规模农户基本情况

项目	基本特征	比例（%）	项目	基本特征	比例（%）
经营领域	粮油茶	49.3	文化程度	文盲	1.9
	蔬菜	9.0		小学	9.5
	水果	14.2		初中	49.3
	畜禽	14.7		高中	25.6
	水产品	5.7		大专及以上	13.7
	其他	7.1	经营年限	2 年以下	6.6
年收入	30 万元以下	50.2		2～4 年	19.9
	30 万～50 万元	24.6		4～6 年	27.0
	50 万～100 万元	12.3		6 年以上	46.4
	100 万元以上	12.8			

2.3 描述性统计分析

2.3.1 规模农户需求特征分析

实地调研发现，规模农户在农业社会化服务需求种类、服务需求质量、服务供给方式和供需双方关系等方面都有特定的需求。

2.3.1.1 服务需求多样化

规模农户对农业社会化服务存在多样化需求。具体表现为：有超过60%的规模农户对覆盖农业全产业链产前、产中和产后的各类专项服务（农资供应、农机、仓储加工等）和综合性服务（信息服务、金融保险服务等）均存在不同程度的需求；超过80%的规模农户对信息服务、购销服务、技术服务和农资供应服务有需求（见表2-3）。

表2-3　　　　　规模农户对农业社会化服务的需求程度　　　　单位:%

服务种类	急需	有一定需求	无需求
农资供应（种子、农药、化肥等）	14.2	68.2	17.5
农机服务（插秧机、收割机等）	10.9	55.5	33.6
技术服务（种养殖技术指导培训）	18.5	64.5	17.1
田间管理（农作物灌溉、病虫害防治）	12.3	65.4	22.3
包装、仓储、加工	11.4	55.0	33.6
收购、销售	18.0	64.9	17.1
信息服务	19.4	67.8	12.8
金融服务（贷款、融资担保）	21.3	46.0	32.7
保险服务	22.7	55.5	21.8
种（畜禽）苗提供	11.8	55.0	33.2
生产计划安排	6.2	54.5	39.3
基础设施建设（水利设施、种养大棚）	23.7	52.1	24.2

整体上看，规模农户需要的前五种农业社会化服务为：信息服务（87.2%）＞技术服务（82.9%）＝购销服务（82.9%）＞农资供应服务

（82.5%）＞保险服务（78.2%）；急需的前五种农业社会化服务是基础设施建设服务（23.7%）＞保险服务（22.7%）＞金融服务（21.3%）＞信息服务（19.4%）＞技术服务（18.5%）。综合来看，现阶段制约规模农户发展的关键服务主要表现为信息服务、技术服务和保险服务。农业生产具有周期长的特点，首先，规模农户从获得市场信息到做出生产决策再到农产品上市，是一个周期较长的过程，很容易造成农产品供需脱节，特别是对于规模农户来讲，由于信息滞后造成的损失常常是致命的，因而规模农户对信息服务的需求较为迫切。其次，规模农户基于农产品商品化率、技术复杂性和提高生产效率考虑，对农业生产的专业性要求更高，进而对农业技术服务的需求比较强烈。农业生产本身具有自然风险和市场风险双高的属性，这也是导致规模农户对保险服务需求较为急迫的原因。另外，基础设施建设服务、金融服务的急需程度也较高（均超过20%），这也符合规模农户规模经营需要加大专用性投资及资金支持的现实情况。

进一步分析发现，不同规模层次的农户对农业社会化服务需求的强度和优先序均有所差异。整体上看，规模越大的规模农户对各类农业社会化服务的需求越大（见表2-4）。

表2-4　　　　不同规模层次农户的农业社会化服务需求情况

服务种类	小规模	中等规模	大规模
农资供应（种子、农药、化肥等）	83.9（2）	77.2（6）	85.5（4）
农机服务（插秧机、收割机等）	61.6（8）	66.7（10）	74.5（11）
技术服务（种养殖技术指导培训）	83.8（4）	77.2（5）	87.3（3）
田间管理（农作物灌溉、病虫害防治）	76.8（5）	77.2（7）	80.0（9）
包装、仓储、加工	59.6（10）	68.4（9）	76.4（10）
收购、销售	83.8（3）	82.5（3）	81.8（6）
信息服务	85.9（1）	86.0（1）	90.9（1）
金融服务（贷款、融资担保）	51.5（12）	75.4（8）	87.3（4）
保险服务	73.7（6）	82.5（2）	81.8（5）
种苗（畜禽）提供	61.6（9）	61.4（11）	81.8（7）
生产计划安排	57.6（11）	59.6（12）	67.3（12）
基础设施建设（水利设施、种养大棚）	72.7（7）	77.2（4）	80.0（8）

注：数据比例是通过对各个规模层次的农户所选择的服务种类的占比计算得出。按照占比大小依次排序，在数据相同时，占比大，则排在前面。

从表2-4可知，各规模层次的农户在农业社会化服务的需求强度和优先序上存在差异。例如在小规模农户中，排列前五的服务需求为信息服务（85.9%）＞农资供应服务（83.9%）＞购销服务（83.8%）和技术服务（83.8%）＞田间管理服务（76.8%）；中等规模农户需要的服务排列前五的为信息服务（86.0%）＞保险服务（82.5%）＞购销服务（82.5%）＞基础设施建设服务（77.2%）＞技术服务（77.2%）；大规模农户需要的服务排列前五的是信息服务（90.0%）＞金融服务（87.3%）＞技术服务（87.3%）＞农资供应服务（85.5%）＞保险服务（81.1%）。此外，不同规模层次的农户迫切需要的农业社会化服务有所不同（见表2-5）。

表2-5　　　　　　不同规模层次农户对迫切需要的服务种类优先序

服务项目排序	农资	农机	技术	田间	仓储等	购销	信息	金融	保险	种苗	计划	设施
小规模	6	9	5	8	11	4	2	7	1	10	12	3
中等规模	8	11	6	9	10	5	4	2	2	7	12	1
大规模	11	10	4	9	7	6	5	1	3	8	12	2

注：根据小、中、大不同规模农户群体中，在不同服务种类上的急需数量占比大小依次进行排序；当数据相同时，比较需要的比例大小，1表示占比最迫切需要，12表示急需程度最弱。

从表2-5可知，不同规模层次的农户在迫切需要的农业社会化服务优先序排列上存在差异，具体表现为：小规模农户群体中，迫切需要的农业社会化服务排列前五的是保险服务（23.2%）、信息服务（21.2%）、基础设施建设服务（20.2%）、购销服务（19.2%）和技术服务（18.2%）；中等规模农户群体中，急需的农业社会化服务排列前五的为基础设施建设服务（24.6%）、金融服务（24.6%）、保险服务（22.8%）、信息服务（19.3%）和购销服务（17.5%）；大规模农户群体中，急需的农业社会化服务排列前五的是金融服务（29.1%）、基础设施建设服务（29.1%）、保险服务（21.8%）、技术服务（20.0%）和信息服务（16.4%）。可见，规模农户对农业社会化服务呈现出多样化需求特征。

整体上来看，现阶段规模农户对农业社会化服务的需求不再局限于生产过程各环节的农资、农机、田间管理等专项服务，对信息、金融、保险、技术等综合性服务的需求愈加强烈。

2.3.1.2　服务需求品质化

调研发现,规模农户在选择服务时看重的因素依次为服务及时、服务质量优、服务成本低和服务项目全面(见表2-6)。规模农户在选择服务供给组织时,考虑的因素依次是服务质量好、服务项目全、服务费用低和省心(见表2-7)。

表2-6　　　　　　　规模农户看重的服务因素排序　　　　　　单位:%

看重的服务因素	第一位	第二位	第三位	第四位
服务及时	45.6	16.5	23.3	14.6
服务成本低	19.4	34.0	23.3	23.3
服务质量优	21.4	37.9	32.0	8.7
服务项目全	13.6	11.6	21.4	53.4

表2-7　　　　　　规模农户选择服务供给组织的考虑因素

选择服务组织考虑的因素	频数	百分比（%）
服务质量好	238	56.4
服务项目全	230	54.5
服务费用低	154	36.7
省心	138	32.7
随大流	79	18.7

对不同层次的规模农户而言,规模越大,越看重服务质量,然后是项目全面(见表2-8)。总体而言,规模农户对农业社会化服务的质量和效率提出了更高的要求。

表2-8　　　　不同规模层次的农户选择服务供给组织时考虑因素

考虑因素优先序	小规模	中等规模	大规模
第一位	项目全	质量好	质量好
第二位	质量好	项目全	项目全
第三位	省心	费用低	费用低
第四位	费用低	省心	省心

2.3.1.3 购买专业化服务成为共识

高达 74.6% 的规模农户表示需要专业化服务组织为其提供服务，且随着规模的增加，这种需求愈加强烈（见表 2 - 9）。从购买服务的情况来看，38.4% 的规模农户已经购买，35.1% 的规模农户有意愿购买，26.5% 的规模农户没有购买意愿。可见，购买专业化服务为七成以上规模农户所接受。

表 2 - 9　　　　　不同规模层次农户对专业服务组织的需求情况　　　　　单位：%

规模大小	需要专业服务组织提供服务的情况	
	不需要	需要
小规模	36.4	63.6
中等规模	17.5	82.5
大规模	14.5	85.5

进一步分析发现：（1）大多数不愿意花钱购买服务的规模农户并非完全没有购买意愿，而是因为没有合适的服务组织或对服务组织不信任，才不愿购买。在不愿花钱购买农业社会化服务的规模农户中，大多数（69.1%）规模农户是因为找不到合适的专业服务组织和感觉太麻烦，有18.2%的规模农户是因为对专业服务组织信不过，仅12.7%的规模农户表示可以自行解决所需服务。（2）有购买意愿的规模农户中，其看重专业服务组织的四个因素，按重要性排序依次为服务组织的信誉和口碑、服务价格、服务组织的实力和服务水平（见表 2 - 10）。（3）合作社等组织、农户交流、互联网是规模农户获取服务信息的三大渠道。购买了农业社会化服务的规模农户中，26.4%的规模农户获得农业社会化服务信息的首要途径是合作社等相关组织，20.9%来源于农户交流，20.9%来源于互联网，16.4%来源于培训会，而来源于其他途径的占比均不足10%。可见，在购买专业化服务成为多数规模农户共识的情况下，培育有一定信誉口碑的专业化服务组织，利用好合作社、互联网等信息渠道至关重要。

表 2 – 10　　　　　　　　规模农户购买服务看重因素优先序　　　　　单位:%

购买服务看重因素	第一位	第二位	第三位	第四位
价格	27.0	33.8	13.4	25.7
信用和口碑	33.8	28.4	24.3	14.9
服务组织实力	18.9	20.3	31.1	28.4
服务水平	20.3	17.6	31.1	31.1

2.3.1.4　服务供给联合化、集成化

从总体上看，最受欢迎的服务供给方式为"由一个龙头企业提供集成服务"，即由一个龙头企业牵头进行整合、组织协调与任务调度，其他各服务组织按龙头企业安排参与某一具体服务提供的服务供给方式，占比为47.6%（见表 2 – 11）。

表 2 – 11　　　　　　　　规模农户期望的服务供给方式　　　　　单位:%

规模大小	由不同服务供应方单独提供	由几个服务供应方联合提供	由一个龙头企业提供集成服务
总体	19.4	33.0	47.6
小规模	24.4	34.1	41.5
中等规模	16.7	45.8	37.5
大规模	15.8	23.7	60.5

从不同规模层次来看，小规模农户、中等规模农户、大规模农户所期望的服务供给方式为联合供应（供给对象之间有合作）或集成服务的分别为75.6%、83.3%和84.2%。可见，服务供给的联合化、集成化成为规模农户的共同需求。其中，超过60%的大规模农户期望的服务供给方式为"由一个龙头企业提供集成服务"。显然，获得一站式的集成服务，对大规模农户而言更显迫切。

2.3.1.5　供需双方关系紧密化

从供需双方关系来看，大多数规模农户期望与服务供给组织之间建立连

续、稳定的合作关系。从表 2－12 可以看出，66.5％的规模农户（已购买服务，206 个）希望与服务供给组织之间增进互信并建立长期关系。后续调查发现，96.9％的规模农户（全部样本，422 个）希望未来可以与服务组织加强合作，实现共同发展。可以看出，关系紧密化成为供需双方关系发展的一大趋势。

表 2－12　　　　　　　　规模农户与服务供给组织之间的期望关系

期望供需双方的关系	频数	比例（％）
一次性交易	10	4.9
严格按合同办事	59	28.6
增进互信、建立长期关系	137	66.5

注：这里是购买过服务的规模农户，样本量为 206 个。

综上所述，新形势下规模农户的农业社会化服务需求呈现出服务需求多样化、服务需求品质化、服务供给联合化、集成化和服务关系紧密化的特征。

2.3.2　规模农户服务资源现状：获取方式与满意度

规模农户如何获取农业生产所需的重要资源，对目前的资源现状是否满意，关乎着农业社会化服务供给侧改革的方向。规模农户服务资源现状主要从服务资源重要性排序、当前获取服务资源的方式与对现有服务资源的满意度等方面进行分析。

2.3.2.1　服务资源重要性排序

在规模农户认可的提高农业生产经济效益所需资源的重要性排序中，排在首位的依次是农业技术、资金、种苗；为避免被调查者对排序答题的随意性，以排列前三的比例之和来看，则依次为农业技术、资金和市场信息（见表 2－13）。可见，农业技术和资金是规模农户最看重的两项服务资源。

表 2 – 13 提高农业效益最重要的服务资源

资源和能力	第一位（%）	第二位（%）	第三位（%）	排序
种（畜禽）苗	18.0	10.4	6.2	5
农业技术	40.3	25.6	14.7	1
资金	21.3	22.3	16.6	2
保险	3.8	6.2	10.4	6
市场信息	13.7	25.1	20.9	3
销售技巧	2.8	10.4	31.3	4

2.3.2.2 当前获取服务资源的方式

规模农户获取服务资源的方式主要包括自有、部分与其他农户共享、与其他农户小范围共享、由当地龙头企业提供等。调查结果显示，规模农户自我服务的占比为 40.8%，部分与其他农户共享资源占比为 37.0%，通过龙头企业、合作社和专业服务组织等方式获取所需服务的规模农户占比为28.9%（见表 2 – 14）。

表 2 – 14 规模农户当前获取服务资源的方式

获取服务资源的方式	频数	百分比（%）
自有	172	40.8
部分自有，部分与其他农户共享	156	37.0
与其他农户小范围共享	30	7.1
由当地龙头企业提供	26	6.2
由当地合作社提供	52	12.3
由专业服务组织提供	44	10.4

可见，目前规模农户获取农业社会化服务资源依然以自我服务和共享方式为主，但对自有、部分共享持满意态度的比例并不是很高，分别为40.7%和26.9%（见表 2 – 15），这在一定程度上表明，通过其他方式获取服务，将有较大的拓展空间。

表 2 – 15   当前服务资源的满意度   单位:%

当前服务资源的满意度	不满意	一般	满意
自有资源	11.6	47.7	40.7
部分自有，部分共享	5.2	67.9	26.9

2.3.2.3   对当前服务资源获取方式不满意的原因

规模农户对当前服务资源获取方式的满意度不高，最主要的原因有三个：成本高、不及时和短缺，占比分别为68.6%、37.1%和29%（见表2 – 16）。

表 2 – 16   规模农户对当前服务资源获取方式不满意的原因

不满意原因	频数	占比（%）
成本高	288	68.6
不及时	156	37.1
短缺	122	29.0
农忙时与他人冲突	96	22.9
需要联系不同供应方	86	20.5

可见，降低服务成本、有效整合服务资源、及时响应规模农户需求是农业社会化服务供给侧改革亟待解决的问题。

2.3.3   规模农户购后评价：已购服务种类、供给方式与满意度

通过对曾经购买过农业社会化服务的规模农户进行调查，包括规模农户购买过的服务资源种类、购后评价、购买服务的供给主体和供给方式等方面，理清其真实购买行为，分析现实供给与需求之间的差异。通过筛选，曾经在合作社、龙头企业、专业服务组织等处购买过农业社会化服务的规模农户有206个，占总样本的48.8%。

2.3.3.1   规模农户已购买的服务资源种类

规模农户购买的农业社会化服务资源主要集中在农资服务、农机服务和农业技术服务等方面（见表2 – 17），分别为61.2%、53.4%和50.5%。

表 2 - 17　　　　　　　　规模农户已购买的农业社会化服务种类

服务种类	频数	占比（%）
农资供应（种子、农药、化肥等）	126	61.2
农机服务（插秧机、收割机等）	110	53.4
技术服务（种养殖技术指导培训）	104	50.5
田间管理（农作物灌溉、病虫害防治）	54	26.2
包装、仓储、加工	36	17.5
收购、销售	46	22.3
信息服务	34	16.5
金融服务（贷款、融资担保）	36	17.5
保险服务	44	21.4
种（畜禽）苗提供	46	22.3

注：前面提及，目前有 77.8% 的规模农户是通过自有或部分自有的方式获取所需服务资源。此处分析的是曾经购买过农业社会化服务的规模农户，其数量大于通过其他途径（非自有）购买服务资源的规模农户数量。

可以看出，现阶段规模农户购买的服务仍以传统常规服务为主，这是因为：一方面，传统常规服务经过多年的发展，在服务标准、服务质量和市场认知上已经比较成熟，可以放心购买；另一方面，可能是由于目前市场仍然以传统常规服务供应为主，新形势下规模农户所需服务的推广度、显示度还不够。调查显示，规模农户对保险、金融、信息等服务也有一定的需求。可以预见，随着农户经营规模的变化以及新型农业社会化服务供给主体宣传推广力度的加大，新形势下保险、金融、信息等服务以及农业多元化服务将越来越受到规模农户的青睐。

2.3.3.2　规模农户对已购买服务的满意度

从整体上来看，规模农户对已购买过的农业社会化服务的总体满意度为56.3%（见表 2 - 18）。可以看出，服务的成本和服务项目全面性的满意度分别为 53.4% 和 58.3%，还有较大的改进空间。对各项服务"非常满意"的均不足 20%，对服务成本、服务专业性、服务项目全面性"非常满意"的仅为 10% 左右。这也意味着，规模农户在服务成本、服务项目全面性等方面将有更高的需求，而龙头企业、合作社等新型服务供给主体在服务成本、服务项目全面性和服务专业性方面都还有待进一步改进提升。

表 2 – 18　　　　　　规模农户对已购买服务的满意度　　　　　单位:%

评价项目	非常不满意	不太满意	一般	满意	非常满意
总体满意度	0	2.9	40.8	42.7	13.6
服务及时	1.9	4.9	30.1	43.7	19.4
服务成本低	2.9	9.7	34.0	42.7	10.7
服务专业性	0	5.8	29.1	54.4	10.7
服务项目全面	1.9	6.8	33.0	46.6	11.7

2.3.3.3　购买服务资源的供给方式

在规模农户获取服务资源的方式中，由不同服务供应方单独为其提供服务的规模农户占比为 49.5%，有 29.1% 的规模农户是由几个服务供应方联合供应，21.4% 的规模农户是由一个龙头企业提供集成服务（见表 2 – 19）。这表明，目前规模农户主要是从不同的服务供给主体处购买自身所需的农业社会化服务。

表 2 – 19　　　　　　规模农户购买服务资源的供给方式

服务供给方式	频数	百分比（%）
由不同的服务供应方单独提供	102	49.5
由几个服务供应方联合提供	60	29.1
由一个龙头企业提供集成服务	44	21.4

对比前面的调查结果发现，集成服务供给方式的实际需求比例（21.4%）显著低于规模农户的需求意愿比例（47.6%），虽然前者发生在已购买服务的规模农户中，但也折射出集成服务供给方式在今后的发展潜力。

另外，规模农户对不同服务供给方式的满意度存在差异。结合调查样本对服务供给方式及其满意度的评价，通过交叉分析发现，由一个龙头企业提供集成服务的满意度整体上高于其他两种供给方式（见表 2 – 20）。

从表 2 – 20 可以看出，由龙头企业提供集成服务的供给方式的整体满意度和各分项满意度均高于其他两种供给方式，而几个服务方联合提供服务的方式除了及时性略低于单独提供服务的方式以外，在总体评价、服务成本低、服务专业性和服务项目的全面性等方面的满意度均高于由不同服务方单独提供服务的方式。由此可见，就相对比例而言，规模农户对不同服务供给方式的满意度，呈现出"集成化提供 > 联合提供 > 单独提供"的特点，也从一个侧面反映出农业社会化服务联合供给，尤其是集成化供给的可期前景。

表 2 - 20　　　　　　规模农户对不同服务供给方式的满意度　　　　单位:%

供给方式	不同服务方单独提供			几个服务方联合提供			一个龙头企业集成服务		
	不满意	一般	满意	不满意	一般	满意	不满意	一般	满意
总体评价	5.9	49.0	45.1	0	46.7	53.3	0	13.6	86.4
及时性	7.9	31.4	60.7	10.0	33.3	56.7	0	22.7	77.3
成本低	13.7	41.2	45.1	13.4	33.3	53.3	9.0	18.2	72.8
专业性	5.9	35.3	58.8	6.7	30.0	63.3	4.5	13.6	81.8
项目全	5.9	41.2	52.9	20.0	26.7	53.3	0	22.7	77.3

2.3.4　农业社会化服务的供需匹配情况

2.3.4.1　规模农户所需服务种类优先序

规模农户急需、已购买和看重的服务种类之间存在优先序差异（见表 2 - 21）。可以看出，金融、保险、信息等服务总体表现为重要且急需，但目前市场所供应的农业社会化服务要么不能满足规模农户的需求，要么还存在推广落地难度，抑或是存在供需对接难度，这又在一定程度上反映出多元化农业社会化服务资源整合配置的必要性和紧迫性。

表 2 - 21　　　　　　　　不同情况下服务种类优先序

优先序排列	急需的服务种类	已购买服务种类	提升效益重要的服务种类
第一位	基础设施建设	农资服务	技术服务
第二位	保险服务	农机服务	金融服务

续表

优先序排列	急需的服务种类	已购买服务种类	提升效益重要的服务种类
第三位	金融服务	技术服务	信息服务
第四位	信息服务	田间服务	购销服务
第五位	技术服务	种苗服务	种苗服务
第六位	购销服务	购销服务	保险服务

2.3.4.2　已获得和期望获得的服务供给方式

当前规模农户购买服务的供给方式与期望的服务供给方式之间存在差异（见表2-22）。可以看出，集成服务供给方式最为规模农户所期待。

表2-22　　　　　　　已获得和期望获得的服务供给方式优先序

服务供给方式	现实供给方式占比排序	期望供给方式占比排序
由不同的服务供应方单独提供	1	3
由几个服务供应方联合提供	2	2
由一个龙头企业提供集成服务	3	1

2.3.4.3　当前的和期望的供需双方关系

规模农户与服务供给主体之间当前的关系现状和期望的合作关系还存在差距（见表2-23）。就目前规模农户与各服务供给主体的合作关系来看，随机合作和合作中有中断的关系占比为49.0%，说明供需双方之间的关系还不够密切。66.7%的规模农户（已购买服务）期望与服务供给主体增进互信和建立长期关系。

表2-23　　　　　　　规模农户与服务供给主体之间的关系

目前与服务主体之间的合作关系	比例（%）	期望的供需双方关系	比例（%）
随机合作	24.5	一次性交易	4.9
合作中有中断	24.5	严格按合同办事	28.4
连续合作	51.0	增进互信、建立长期关系	66.7

2.3.4.4 合作社和政府应发挥作用情况

对合作社应发挥的作用，77%的规模农户希望合作社能够直接提供所需服务，承担服务供给的职责；69.9%的规模农户希望其承担牵线搭桥的作用；59.5%的规模农户希望其能够起到帮助谈判的作用（见表2－24）。上述作用均超过了半数，这表明，规模农户最希望合作社充当服务的直接供给主体，此外，还应发挥牵线搭桥、帮助谈判和监督生产等作用，反映出规模农户对合作社发挥综合性功能的诉求。

表2－24 规模农户希望合作社发挥的作用

合作社应发挥的作用	频数	占比（%）
直接提供服务	325	77
牵线搭桥	295	69.9
帮助谈判	251	59.5
监督生产	207	49.1

注：表中是全体（422个）规模农户的统计数据。

对于政府作用的发挥，55.9%的规模农户认为，政府首先应该发挥财政补贴的功能；其次应在财政贴息（37.0%）和风险补偿（33.2%）方面发挥作用；最后应在设立保障基金（27.6%）和促进土地流转（23.8%）方面发挥作用。可见，加大政府对农业社会化服务的财政补贴，是农业社会化服务供给侧改革纵深推进的重要支撑。

2.4 研究结论与政策建议

2.4.1 研究结论

本书基于东、中、西部11个省（区、市）的422个规模农户的实地调研数据，运用描述性统计方法分析了新形势下规模农户农业社会化服务需求现状，得出以下四点结论。

（1）新形势下规模农户的农业社会化服务需求呈现出服务需求多样化、

服务需求品质化、服务供给联合化、集成化和服务关系紧密化的特征。

（2）目前规模农户获取农业社会化服务资源依然以自我服务和与其他农户共享方式为主。由于从外部获取服务资源的成本高等原因，规模农户对当前服务资源获取方式的满意度不高。因此，降低服务成本、有效整合服务资源、及时响应规模农户需求是农业社会化服务供给侧改革亟待解决的问题，也为农业供给侧改革提供了契机。

（3）对已购买服务资源的规模农户而言，其在服务成本、服务项目全面性等方面有着更高的需求，而龙头企业、合作社等新型服务供给主体需要在这些方面进一步改进提升。规模农户对不同服务供给方式的满意度，呈现出"集成化提供＞联合提供＞单独提供"的特点，为农业社会化服务联合供给，尤其是集成化供给指明了方向和前景。

（4）从农业社会化服务的供需匹配情况来看，目前市场所供应的农业社会化服务要么不能满足规模农户的需求，要么还存在推广落地或供需对接难度，这在一定程度上反映出多元化农业社会化服务资源整合配置的必要性和紧迫性。而农业社会化服务供给侧改革的纵深推进，需要政府加大对农业社会化服务的补贴和扶持，需要合作社发挥更大的综合性作用。

2.4.2　政策建议

（1）在服务供给改革的目标导向上，以为规模农户提供成本低、服务项目全面、服务质量优、服务及时的农业社会化服务为目标，推动农业社会化服务供给侧结构性改革。

（2）各类农业社会化服务供给主体应积极转变观念，从"单打独斗"走向联合。以服务资源整合集成为手段、以协同响应为取向，构建"合作社等农业社会化服务组织（功能商）—涉农龙头企业（集成商）—家庭农场等规模农户（客户）"型农业社会化服务供应链，以此为组织载体，提高供给质量和效率，有效响应规模农户的需求。

（3）着力培育具有较强服务资源整合实力、信誉良好的涉农龙头企业，促进其向服务集成商转型；大力培育一批具有较强合作意识、创新意识、服务意识的合作社等中介服务组织，加快其向服务功能商转型；培育规模农户的合作意识、创新意识，促进服务需求集成和服务需求规模化；以服务为纽带，增进互动、沟通，构建服务供给主体与规模农户之间更加紧密的互惠共生关系，促进供需有效对接。

（4）加强政策引导和扶持。一方面，政府应做好农业社会化服务供给侧改革的宣传引导和氛围营造，鼓励服务主体联合发展、集成发展，充分调动社会各界支持服务主体发展的积极性；另一方面，政府也要在财政补贴、财政贴息、风险补偿和担保基金等方面给予大力支持，构建与各类服务主体成长相适应的培育机制，促进服务主体高质量发展。

第 3 章

农业社会化服务供应链构建：多维解读

为何构建农业社会化服务供应链？作为农业社会化服务供给侧协同响应规模农户新需求的新型组织载体，本章从农业社会化服务供应链的形成路径与演进机理以及商业模式创新的角度进行解读。从自给自足型服务组织，到单纯市场交易型服务组织，再到服务供应链型服务组织，是农业社会化服务供应链构建的形成路径。以服务为纽带，构建"整合集成、协同响应、价值共创、共生共享"的农业社会化服务生态系统，是农业社会化服务组织创新的基本逻辑，也是农业社会化服务组织供应链取向的演进机理。从另一个视角来看，农业社会化服务供应链构建实质上是一项龙头企业主导的商业模式创新。价值主张、目标市场、价值网络、客户关系、成本与收益模式，构成该新型商业模式的五大要素。农业社会化服务供给形式的供应链取向，也是商业模式的创新过程，其驱动机制包括连接、聚合、协调、互动和共享。透过新希望六和与安徽农服两个典型案例，揭示农业社会化服务供应链构建的关键点和基于要素与机制有机结合的商业模式创新演化过程。

3.1　农业社会化服务供应链构建：必要性与可行性

龙头企业、合作社等中介服务组织、规模农户三者构成农业社会化服务供应链，其中，龙头企业在供应链中也可以提供一定的服务，但主要充当集成商的角色，对服务资源进行整合集成和合理配置；合作社等中介服务组织作为服务资源的提供者，充当功能商的角色；规模农户作为服务资源的需求者，则充当客户的角色。即，构建"龙头企业（集成商）＋合作社等中介服务组织（功能商）＋规模农户（客户）"型服务供应链。农业社会化服务供应链是服务供应链在农业领域的延伸运用，是农业社会化服务供给主体从"单打独斗"、各自为政向协同响应、价值共创转变的一次组织创新。构建农业社会化服务供应链，实质上是建立一种以需求响应为导向的基于各自核心专长的服务外包和服务协同的供应链伙伴关系。

3.1.1　构建农业社会化服务供应链的必要性

3.1.1.1　加强农业供给侧改革、提高农业社会化服务供给质量和效率的需要

现代农业发展，离不开农业社会化服务组织的强力支撑。实践表明，单一个体或组织很难提供全方位、系统化的农业社会化服务，很难有效响应新型主体个性化的服务需求，亟须走出"单打独斗"、各自为政带来的供给低质低效困境。将源于制造业的供应链及供应链管理理论引入我国农业实践，尤其是作为现代农业发展重要支撑的农业社会化服务领域正当其时，它为农业社会化服务供给侧改革拓宽了组织创新的微观管理视角。通过构建农业社会化服务供应链，整合农业社会化服务资源，增强供应链协同，共同响应新型主体需求，可以有效降低农业生产成本、提高服务供给质量和效率。

3.1.1.2　协同响应新型主体需求的需要，服务规模化、品牌化、打造核心竞争力的需要

在农业社会化服务供给主体各自为政、新型主体需求不能得到有效响应、供应链竞争加剧的情况下，需要有核心企业作为集成商进行组织协调、有合作社等中介服务组织作为功能商积极响应、有规模农户作为客户广泛参与，构建农业社会化服务供应链，创新农业社会化服务组织，将分散的服务资源以及多元化的农户服务需求信息进行整合集成，提高服务的规模性、系统性、针对性、协同性，在满足新型主体需求的同时，实现供给主体核心专长塑造基础上的农业社会化服务供应链整体增值和竞争力提升。

3.1.2 构建农业社会化服务供应链的可行性

3.1.2.1 创新组织形式、追求合作共赢的大趋势提供了重要的契机

一方面，联合与合作成为农业社会化服务组织发展的大趋势；另一方面，服务供给者有摆脱"单打独斗"困境、合作共赢的愿望和动力，服务需求者亟须有新的组织形式满足日益增长的需求。此外，随着服务型商业模式的到来，生产者由产品主导转向服务主导，企业不再局限于做产品制造者，而是向能够整合和提供产业链整体价值的综合服务提供商转变。基于此，依托方兴未艾的农业产业化经营实践，或推动现有的农业产业化龙头企业实现从产品制造销售商向综合服务提供商转型，或在现有的农业社会化服务企业中培育核心龙头企业，再由龙头企业进行组织协调与组织构建，农业社会化服务组织创新就具备了可能。这些无疑为构建农业社会化服务供应链提供了重要的契机。

3.1.2.2 加强农业供给侧改革的利好政策支持

作为加强农业供给侧改革、提高农业供给体系质量和效率的重要突破口，农业社会化服务供应链的构建为协同响应新型主体需求提供了组织载体，有利于新型主体成长和现代农业发展，也是对 2017 年中央一号文件《中共中央国务院关于深入推进农业供给侧结构性改革加快培育农业农村发展新动能的若干意见》的积极响应和深入贯彻，因而会获得政府相关政策的支持。

3.1.2.3 大量闲置的农业社会化服务资源基础以及互联网信息平台的支持

分享经济的理念与发展模式为整合闲置的农业社会化服务资源、协调供需提供了参考借鉴。分享经济所反映的"将社会海量分散的闲置资源平台化、协同化地集聚使用，使之与供需匹配"等思想和丰富的分享经济实践案例，以及分享经济模式所依赖的互联网信息平台支持，这些模式、理念、运行基础与方式方法等，将为遵循"整合集成、协同响应、价值共创、共生共享"准则而构建的农业社会化服务供应链提供重要启迪。

3.2　农业社会化服务供应链构建：形成路径与演进机理

3.2.1　农业社会化服务供应链构建：形成路径

改革开放 40 余年来我国农业发展取得了巨大成就，农业社会化服务组织发挥了举足轻重的作用，尤其是随着市场化取向的改革大潮不断推进，在政府提供公共服务的主导与引领下，大量政府以外的市场经营主体涉足农业产前、产中、产后全过程，构建起以农户服务需求为导向，涵盖农业生产资料供给、农产品收购、储存、加工、销售以及信息、技术、贷款、担保等全链条、全方位的农业社会化服务体系。农业产业化龙头企业、中介服务组织、农民专业合作社和家庭农场等农业社会化服务经营主体也在响应需求变革中逐步发展壮大。正如有学者所言，农业社会化服务领域改革和发展的重要经验之一就是推动农业服务微观组织基础再造，促进多元化服务主体的培育和壮大。那么，农业社会化服务（主要研究农业经营性服务），其服务组织到底是如何演进的呢？农业社会化服务供应链是如何形成的呢？

现有文献对上述问题的聚焦较少，仅有少量文献从服务内容演进及服务组织关联性方面做了探讨。从演化的趋势上看，农业社会化服务沿着农村集体经济组织的统一服务向单一型、延伸型、一体化型社会化服务逐次演化。这里的一体化服务是就全产业链而言的，即农业生产的产前、产中、产后各个环节都有社会化服务组织为农户提供各种各样的服务。从单一社会化服务到一体化社会化服务，服务组织之间的关联程度也不同：单一社会化服务下，各类服务组织各自从自身出发，独立提供服务，相互间少有连接沟通；延伸社会化服务下，服务组织间开始出现横向联系，沟通加强；一体化社会化服务下，服务组织间趋向联合与合作，甚至出现规模不断扩大的家族企业。以上论述虽没有清晰揭示各服务组织形态的演进，但无疑也为农业社会化服务组织的演进及农业社会化服务供应链的形成路径提供了一定程度的指引，那就是，在服务内容综合化、多元化下，服务组织之间的联合与合作是大势所趋。

农业社会化服务组织的演进问题，实质上就是农户到底如何选择农业社会化服务组织，或农业社会化服务到底由谁承担的问题。农业社会化服务的市场经营性属性，是否表明农业社会化服务通过市场交易就能一劳永逸呢？如果仅通过市场交易就能回答农业社会化服务的主体或组织选择问题，为什么还需要服务组织间的联合与合作呢？这种联合与合作又将以何种组织形式体现合作程度呢？

由此，根据是否需要购买服务、购买服务时供给主体是否合作及其合作程度，提出农业社会化服务组织的演进路径或农业社会化服务供应链的形成路径：自给自足型服务组织—单纯市场交易型服务组织—准一体化（服务供应链）型服务组织——体化（企业治理）型服务组织。

自给自足型服务组织。农户的生产经验、劳动技能、家庭劳动力数量等决定着农户的自我服务能力。当农户具备自我服务能力时，农户则自己承担农业服务，例如育苗、插秧、病虫害防治、收割、销售等，当然，也不排除农户之间的互助式服务。这种情况下，农户自身充当了自己的服务组织，也是一种自发的最原始、最简单的服务组织（见图 3 - 1）。

图 3 - 1　自给自足型服务组织

单纯市场交易型服务组织。当农户自我服务能力不足时，农户则通过市场交易的方式单独或组团购买超出自身服务能力之外的服务。当农户通过其他渠道获得的劳动收益大于农户购买外部服务的成本，即农户自我服务动力不足时，农户也会选择市场交易的方式购买农业服务。上述情形下，农业社会化服务由合作社、中介服务组织或龙头企业提供，但服务提供者之间连接不紧密，互动、合作较少，呈现单纯的点对点、多对一状态，也就是农户所需服务可能需要不同服务提供者分别提供，服务提供者之间并无联系，农户和服务提供者都需要足够的时间和精力去搜寻对方（见图 3 - 2）。

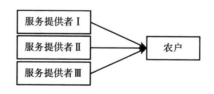

图 3 - 2　单纯市场交易型服务组织

准一体化（服务供应链）型服务组织。即以龙头企业为集成商、合作社等中介服务组织为功能商、规模农户为客户，构建"龙头企业（集成商）＋合作社等中介服务组织（功能商）＋规模农户（客户）"型服务供应链。该形态下，既改变了单纯市场交易型下服务组织各自为政、"单打独斗"的局面，也突破了后面一体化组织型下单一企业提供一揽子服务的实力局限。此外，相较于单纯市场交易型，服务供应链型在降低服务成本的同时，也能提高服务水平和服务质量，建立服务供需双方间更持久紧密的合作伙伴关系，实现龙头企业、合作社等中介服务组织、规模农户的共赢。其中，龙头企业通过实施服务供应链管理获得综合收益，合作社等中介服务组织则通过降低搜寻谈判成本、服务规模化等获益，农户则可以以较低的成本获得更优的服务。与本书的农户界定相一致，这里的农户是指家庭农场、专业大户等规模经营农户，其实也适用于一般农户，只不过，一般农户的需求意愿较低而已。在达到一体化服务组织之前，服务供应链因实现了服务供给者之间一定程度的整合或准一体化而成为农业服务组织形态的理性选择，该形态既是农业服务组织的一种发展趋势，也是本书倡导的一种组织形式（见图3-3）。

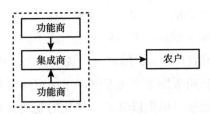

图3-3　服务供应链型服务组织

一体化（企业治理）型服务组织。即由一个企业提供农户所需的产前、产中、产后等一揽子服务，也就是核心企业将一揽子服务纳入企业内部，由企业自身向农户提供服务。具备这种全方位服务能力的企业少之又少，且提供的一揽子服务仍然是不全面的。该形态可以说是一种理想状态，因为农户的需求日趋个性化、多样化，单一企业很难有实力满足农户的需求（见图3-4）。

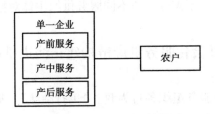

图3-4　一体化型服务组织

实际上，在单纯市场交易型与服务供应链型之间还存在一种过渡性形态，那就是服务提供者之间有一定的联系与合作，例如分享需求信息、服务互补共同面向市场等，这里不再赘述。另外，需要指出的是，上述四个形态的演进，是随着农业生产内部条件与外部环境不断变化而出现的。服务供应链型组织的构建，正是响应了新型主体的不断涌现以及农业经营规模的扩大等新形势应运而生的，也可以说，是现代农业发展新形势倒逼下的一场农业社会化服务组织变革。例如，当农业经营规模较大时，单纯通过市场交易购买服务的交易成本很高，而自包自揽服务也会受限于初始投资过高、自我服务不能获得规模经济效应等制约，这种情况下既要降低外部交易成本，又要满足各种个性化需求，还要能建立稳定的联系，如此，需要有核心企业发起并整合各类供给主体服务资源，并借助一定的技术手段和信息平台（保证响应快捷有效且低成本），共同响应规模农户需求。服务组织演进中服务供应链之外的其他三种形态都缺乏资源整合和平台视角，导致交易成本过高或服务水平有限，不能有效响应规模农户需求。这里所说的平台，实际上是核心企业与各服务功能商结成的一个相互间资源利益共享、关系紧密的准一体化组织，以此为基础，服务供应链形态就自然形成了。

总的来说，对规模农户而言，随着生产规模扩大，其所需服务种类更多，服务要求更高，从市场购买服务成为必然。单纯市场交易型下的交易成本很高，而服务供应链型服务组织则以其准一体化的制度优势能有效降低交易成本。这是因为，服务供应链型服务组织所依托的互联网信息平台这一信息技术创新可以有效解决信息不对称的问题而引致交易成本的节约——降低过高的搜寻费，同时，服务供应链构建所实现的组织创新也可以有效解决信息不对称的问题以及交易频率过高的问题而引致交易成本的节约——与依托信息平台降低搜寻费相比，这里是基于双方建立的紧密关系以及长期合作的预期，引致搜寻费、谈判费、监督费等降低；农户所需服务只需与龙头企业对接或由其进行组织协调，而不需分别与不同服务供给主体对接，交易频率下降。

3.2.2　农业社会化服务供应链构建：演进机理

传统农业社会化服务组织各自为政、"单打独斗"，提供的服务内容较单一，服务意识较弱，服务水平较低，在当时的小规模生产、劳动力从事农业生产的机会成本较低等条件下，作为自我服务能力的一种补充，在一定程度上满足了部分农户零星购买的低水平需求。随着劳动力从事农业生产的机会成本增加、农业生产的适度规模化，以及现代农业发展对农业新技术推广和劳动力素质的要求越来越高，迫切需要农业社会化服务供给者能提供专业化、系统化的服务，满足农户尤其是规模农户"降低服务成本、快速有效响应、提高服务质量、服务个性化"等日益增长的需求。这就要求传统农业社会化服务组织顺应农业发展环境和客户价值取向的变化，加强农业供给侧改革，在降低农业服务成本的同时，加强供给主体之间以及供需主体之间的联系与合作，补齐"服务品种不全、服务水平不高、服务质量不优"的短板，共同为客户创造价值，实现共生共荣。基于此，实现传统农业社会化服务组织向农业社会化服务供应链转变，以服务为纽带，构建"整合集成、协同响应、价值共创、共生共享"的农业社会化服务生态系统，这既是农业社会化服务组织创新的基本逻辑，也是农业社会化服务组织供应链取向的演进机理（见图 3 - 5）。

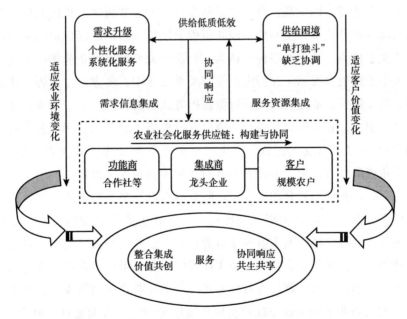

图 3 - 5　农业社会化服务组织供应链取向的演进机理

（1）整合集成。传统农业社会化服务组织之所以各自为政，缺乏共同目标以及缺乏起组织协调作用的核心企业是其中的重要原因。在长期的农业服务实践以及农业产业化进程中，逐渐孕育出一批扮演核心企业角色的龙头企业，展开农业服务领域以服务供应链为载体的联合与合作。龙头企业在将一定区域范围内的服务需求信息进行整合集成（收集、归类、分析、建档）的同时，也将该区域内的服务资源按照服务资源提供者的合作意识、资源的互补性等进行整合集成，然后根据服务资源与服务需求的匹配性进行统一配置，避免服务资源闲置和服务资源重复建设，同时，补充完善新型服务资源，提高服务水平和服务质量。

（2）协同响应。这里的协同响应，除有意愿参与服务资源的整合集成以及服务供应链的构建等基本层面外，协同响应更主要表现为协同响应规模农户的需求，即龙头企业与合作社等中介服务组织在服务响应及时性、服务多样性、服务标准、服务水平以及服务质量等关乎农户服务满意度层面的协调配合与行为一致性。

（3）价值共创。价值共创是包括龙头企业、合作社等中介服务组织、规模农户在内的供应链三方成员的共同价值创造。当然，价值共创也需要一定的信息平台支持，以提高信息、资源整合效率和配置效率。价值共创，既可以通过降低服务成本和交易成本而获得价值增长，还可以因成员间关系优化而产生关系价值。社会网络理论认为，企业间关系可以为企业提供非凡的价值。关系价值机制揭示了在特定企业间关系安排中，各方通过何种方式赢得关系价值以助推企业运营。关系价值赢得方式有两种：一是采取互利性行为创造新价值；二是凭借自利性行为攫取既有价值。服务供给者与服务需求者（规模农户）关系优化的过程，是由"弱关系"演变为"强关系"的过程，是关系价值赢得方式由"利用自利性行为攫取价值"（如单纯市场交易型组织形态下，服务供给者利用农户需求的急迫性以及服务供给的有限性等收取较高的服务费用）向"利用互利性行为创造新价值"转变的过程，最终推动着服务供应链整体价值增值和竞争力提升。服务供给者与规模农户间的互利性行为主要依赖于龙头企业、合作社等中介服务组织、农户三者间的协同性获得。如果将关系治理行为概括为联合求解与联合规划两大类，则服务供给者（龙头企业牵头，合作社等参与实施）与农户一方面通过"联合求解"解决农户当前所需的服务问题；另一方面通过"联合规划"解决农户未来发展（如市场环境变化、生产规模扩大）所需的服务问题，例如咨询服务（生产计划制定、市场信息传递）、销售服务、加工服务、仓储服务、融资服务等一系列为农户增收提供解决方案的服务，农户增收带来的服务需求稳定增长也为服务供给者提供了持续的收益来源。服务供给者之间则通过协同获得资源互补效应、知识溢出效应、规模效应和品牌效应。

（4）共生共享。服务需求者与服务供给者之间的共生关系，决定了供需双方互惠共生的必要性。共生共享，既体现响应当下需求、服务做优做特基础上的互利共赢，也体现面向未来发展、价值共创基础上的互惠共生。农业社会化服务供应链的构建与协同运作，实质是构建一种以社会化服务为共生介质、各主体互惠共生的供应链伙伴关系。没有合理分享，就没有和谐共生。因此，创新并夯实各主体之间的利益联结机制和有效对接机制，既是共生共享的重要保障，也是共生共享的应有之义。

在"整合集成、协同响应、价值共创、共生共享"中，有着一定的逻辑递进关系：整合集成是协同响应的基础和手段，整合集成与协同响应又是价值共创的基础和手段；也可以说，整合集成是基础，协同响应是战略取向，价值共创是手段，共生共享是目标。四者共同构成农业社会化服务供应链构建的逻辑和机理。

3.2.3　结语

构建以协同响应为战略取向的农业社会化服务供应链，是加强农业供给侧改革、提高农业服务供给质量和效率、有效响应新型主体需求的重要举措。农业社会化服务供应链是服务供应链在农业领域的延伸，是农业社会化服务组织从"单打独斗"、各自为政向协同响应、价值共创转变的一次组织创新。构建农业社会化服务供应链，实质上是建立一种以需求响应为导向的基于各自核心专长的服务外包和服务协同的供应链伙伴关系。由于一体化（企业治理）型服务组织是一种极理想的形态，实践中很难存在，因此，农业社会化服务组织的演进过程是，从自给自足型服务组织，到单纯市场交易型服务组织，再到准一体化（服务供应链）型服务组织，这也是农业社会化服务供应链构建的形成路径。实现传统农业社会化服务组织向农业社会化服务供应链转变，以服务为纽带，构建"整合集成、协同响应、价值共创、共生共享"的农业社会化服务生态系统，这既是农业社会化服务组织创新的基本逻辑，也是农业社会化服务组织供应链取向的演进机理。

3.3　农业社会化服务供应链构建：商业模式创新视角

在加强农业供给侧改革、提高农业服务供给质量和效率、推动农业服务转型升级的新形势新要求下，以供应链为载体，以资源整合、协同响应、价值共创、共生共享为内核的新型农业服务供给模式因应而生。该模式中，龙头企业作为供应链核心和链接上下游成员资源、信息的集成商，在模式构建中起着主导者的作用，同时，合作社等中介服务组织参与服务资源供给的整合集成，规模农户参与服务需求的整合集成，三方共同参与价值创造活动，凸显了其鲜明的价值共创特征，实现了农业服务供给模式的创新。基于价值创造形式的变化，按照"商业模式是企业创造价值的逻辑"的观点，这项由龙头企业主导的价值共创活动，也是一次农业社会化服务的商业模式创新。本书尝试从商业模式创新视角审视农业社会化服务供应链构建的过程与机理，以期有新的启示与收获。

3.3.1　农业社会化服务供应链的实质：构建一种新商业模式

目前，对商业模式的内涵界定尚无共识，较为一致的观点有：商业模式揭示了商业运作的实质——商业活动参与者之间的价值交换；商业模式是企业借此生存产生收益的一种商业运作方法，其说明企业在价值链中的位置并阐述企业如何赚钱，或揭示企业在一定价值网络中如何向客户提供产品或服务以及获取利润的方式。农业社会化服务供应链模式实质上是一种农业社会化服务供给的新型商业模式。该模式具有"整合性、协同性、规模性、共生性"的特征。具体而言，该模式中，龙头企业作为集成商发起构建农业社会化服务供应链，形成由龙头企业、合作社等中介服务组织（功能商）和规模农户（客户）组成的价值网络，通过农业社会化服务资源整合集成、有效配置，协同响应规模农户服务需求，最终实现参与各方共生共赢：龙头企业获取供应链管理收益和自身服务资源收益，合作社等获取服务规模收益，规模农户获取降本增效收益。

商业模式在构成上可以抽象为一组相互关联的要素。因此，也可以结合商业模式构成要素进行契合性分析。商业模式包括哪些构成要素，学界并无定论。目前，有四要素说，即：客户界面、核心战略、战略资源与价值网络，或四大关键要素：价值主张、目标客户、供应链、成本与收益模式；有五要素说，即：核心产品、目标市场、企业运营流程、企业的价值链结构和企业价值分配原则；有九要素说，即：核心能力、企业内部价值链、目标客户、产品、渠道、客户关系、合作网络、成本和收益方式九个要素。事实上，学者们的观点都是基于特定的研究目的或视野。综上所述，结合本书的研究目的，从价值主张、目标市场、价值网络、客户关系、成本与收益模式五大构成要素入手，诠释农业社会化服务供应链这一新型商业模式。

（1）价值主张。龙头企业主导构建的农业社会化服务供应链，不同于以往农业服务各自为政的供给模式，而是通过与合作社等中介服务组织的联合与合作，进行农业服务资源整合及合理配置，为规模农户提供产前、产中、产后的一揽子解决方案，或为响应规模农户的个性化需求提供系统的解决方案，最终实现以较低的服务成本、良好的服务质量来及时响应规模农户的个性化服务需求。直观地讲，价值主张更多时候表现为让规模农户"省事、省心、省力、省钱"。

（2）目标市场。目标市场是指需要借助外部组织的农业服务才能更好地从事经营、提高经营效益，且具备一定经营规模的家庭农场和种养大户（合称"规模农户"）。服务供应链模式下，规模农户不再是被动的服务接受者，而是通过服务需求信息发布、服务质量反馈等形式参与到价值创造中。

（3）价值网络。价值网络是由龙头企业、围绕农业产前、产中、产后提供服务的各类服务功能商（即合作社等中介服务组织）、规模农户共同构成的，以"服务资源（包括需求信息）整合集成、协同响应、价值共创、共生共享"为准则，涵盖纵向协作（供应链上下游协作）与横向协作（水平合作）的功能性网络结构。

（4）客户关系。将龙头企业（集成商）与合作社等中介服务组织（功能商）看作一个整体（当然，功能商作为服务供给方，集成商作为服务集成方，两者也可看作一种客户关系），该整体与规模农户（客户）之间的关系，即客户关系，也是一种供需关系。服务供应链模式下，该客户关系是一种建立在互动、互信、互惠基础上的长期合作伙伴关系。

（5）成本与收益模式。龙头企业在获取自有服务资源的供给收益外，还将获得服务供应链管理收益以及企业声誉提升带来的品牌收益。撇开农业服务供应链模式与传统服务供给模式都会发生的成本（如服务设施、设备的折旧成本）不计，龙头企业的成本主要表现为服务供应链运营成本，具体包括：整合功能商的交易成本、实现功能商与农户有效对接的协调成本、整合规模农户（需求信息）的交易成本、信息平台建设与维护成本（有些情况下暂时不需要建设信息平台，但从长远来看，信息平台建设是必需）。对合作社等功能商而言，收益主要源自参与整合集成后获得的服务规模收益，成本则表现为参与整合集成后单笔服务收益的下降，或表现为龙头企业在每笔业务中收取的管理费。

总体来看，五大要素体现了农业社会化服务供应链这一新型供给模式"协同、共生、共创、共享"的合作本质及由此带来的合作收益，揭示了其作为一种新型商业模式的本质内涵。

3.3.2 农业社会化服务的供应链取向：商业模式的创新过程

农业社会化服务供给所呈现出的供应链取向，不仅是供给模式的演进和创新，而且是商业模式的创新过程。商业模式创新是建立在新价值主张基础上的商业模式元素创新设计过程。鉴于前面已有涉及从商业模式元素创新角度进行的分析，这里主要从商业模式创新的动因、新商业模式价值共创的形成、商业模式中利益相关者交易方式的变革等角度对商业模式创新的过程进行诠释（见图 3-6）。

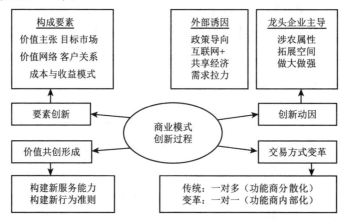

图 3-6 农业服务的供应链取向与商业模式创新过程

3.3.2.1　商业模式创新的动因

商业模式创新的过程是企业开发利用新机会、获取新资源、新竞争优势、新经济增长点的过程，也是企业获得快速成长的过程，这或许可以解释龙头企业主导实施农业社会化服务商业模式创新的动因，也是龙头企业发起构建服务供应链的动因。一方面，企业的涉农属性决定了其有着服务农户的职责担当，不断深入的涉农实践也奠定了其作为"龙头企业"的服务优势；另一方面，企业有着拓展业务空间、提高服务收益的需要，或是培育核心竞争力的需要，抑或是做强做大的需要。此外，政府大力支持农业社会化服务发展的政策导向、互联网技术的深入应用、市场竞争的加剧、共享经济的出现等外部环境的影响，尤其是关键利益相关者（规模农户、合作社等中介服务组织）的需求拉力和协同响应更是重要诱因。这里主要分析关键利益相关者形成的诱因。

在农业社会化服务商业模式创新中，规模农户既是服务的对象，也是创新的参与者。毕竟，顾客价值主张是商业模式创新的源头和出发点。传统服务供给的高成本、供给质量和效率的低下以及农户规模化生产的新要求，需要有新的"省事、省心、省力、省钱"的服务供给方式。因此，规模农户在龙头企业的倡导带动下，很自然地加入需求整合及共同规划的活动中，并主动配合进行服务质量信息反馈，促进服务质量和服务水平的提升。

对合作社等中介服务组织而言，龙头企业实施的服务资源整合以及服务需求集成产生的服务规模效应为其摆脱"服务资源闲置、利用率低，功能单一，服务提档升级难"困境提供了契机。作为农业社会化服务供应链的功能商、服务资源整合的参与者和具体业务活动的实施者，合作社等功能商的参与意愿和协同水平对于提升供应链服务能力和构建竞争优势至关重要。可以说，在一定规模（规模过大、协调成本高）或区域范围内，同类或异质性服务功能商越多，越能做大服务功能池，越能更好地响应规模农户系统化或个性化服务需求。

3.3.2.2　新商业模式价值共创的形成

前述动因提供了服务资源整合和商业模式创新的基础。龙头企业、合作社等功能商以及规模农户三方的联结形式，为何选择以服务供应链为组织取向呢？具体而言，合作社等中介服务组织作为服务供给主体，规模农户作为服务需求主体，双方都有对接合作的需求，此时，需要服务供给方有效联合整合起来，共同为规模大户服务。这就需要具备一定条件的龙头企业充当集成商，其条件是，龙头企业本身涉农，且自身提供部分服务资源，有进行整合集成的愿望、动力和实力，不仅能获得稳定的服务收益，还可以获得整个服务供应链的综合管理收益。单个服务供给主体（包括龙头企业）提供的服务，不能满足规模农户的需求，且各方不能获得稳定的收益，也不能充分利用现有的服务资源。而在整合集成模式下，龙头企业或整个农业社会化服务供应链则具备了一种新的服务能力——以降低服务成本、提高服务质量、实现共赢为目的，由龙头企业主导的通过资源整合、服务供应链管理、协同响应而产生的满足规模农户需求的能力。由此，依托服务供应链这一组织形式，造就一种新的能力或竞争优势，这便是服务供应链构建的理由。不仅如此，唯有服务供应链这种形式，既能克服一体化组织形式为农户提供一揽子服务实力不足的局限，又能达到整合服务资源、共同创造顾客价值的目的，而后者正是服务供应链管理的核心。从单个主体功能单一地提供某项服务独立创造有限价值，到整合协同提供系统化个性化服务、三方共同创造价值，这就是组织形式供应链取向带来的成果。

可见，农业社会化服务供应链取向过程，也是龙头企业在市场拓展战略的内部驱动下，分析外部环境的影响，洞悉规模农户、合作社等功能商的价值诉求而进行的服务供给结构再造活动——龙头企业资源、能力和竞争优势的建构源于内外部资源的整合以及农业社会化服务生态的重构而实现。在这个过程中，龙头企业主导的供应链取向活动，打破行业既有的价值—成本互替定律，建构起新的最优行为准则。具体而言，改变传统农业服务供给模式下功能商与农户之间收益与成本互替定律（功能商多收益，则农户多成本，反之则相反），通过资源集成化、服务规模化建构起新的价值共创、价值共享行为准则，最终，规模农户服务需求得到有效响应，服务成本下降，功能商因业务增加、信息共享而获得更多收益，龙头企业也获得可观的综合收益，实现了三方共赢。

3.3.2.3 商业模式中利益相关者交易方式的变革

商业模式创新能够以快速、高质量的方式满足顾客的多样化个人需求。这方面，农业社会化服务供应链表现甚为明显。不需要龙头企业（或合作社等功能商）大量投资农业服务资源，而是通过资源获取和供给模式创新，通过整合服务资源和服务供应链协同响应，即可快速高质量地满足规模农户需求。商业模式变化本质上是利益相关者交易结构的调整。农业社会化服务供应链取向所反映的商业模式创新，改变以往农户与多个功能商进行协商交易的方式，转变为只需与龙头企业协商（功能商供应链内部化），即可在龙头企业协调与调度下获得个性化农业服务。虽然农户仍要接受服务功能商面对面的现场服务，但不需要搜寻服务功能商，也不需要与服务功能商进行交易谈判，省去了很多时间精力成本，也降低了服务成本。在农业生产不同阶段需要不同服务时，仍只需与龙头企业对口联系即可。由于有龙头企业对服务功能商的筛选把关、对接匹配、调度安排、监管与跟踪，且有服务规范和标准的实施要求，终端服务质量明显提高。再者，通过再造资源交易方式，赋予企业新的竞争优势，提高企业绩效。最终，由包括龙头企业、合作社等功能商在内的服务供给主体共同分享增值收益。

3.3.3　农业社会化服务供应链取向的驱动：商业模式创新的演化机制

农业社会化服务的供应链取向，是基于为客户提供问题解决方案而做出的选择。提供问题解决方案，是商业模式的基本特征之一。因此，商业模式创新的演化机制将围绕为客户提供问题解决方案这一特征展开，也形成农业社会化服务供应链取向的驱动机制。这些机制包括连接、聚合、协调、互动和共享。

（1）连接。连接是构建农业社会化服务商业关系网络的基本机制，也是商业模式创新的基本机制。事实上，商业模式创新就属于供求连接方式创新的范畴。借助连接机制，建立起以服务为共生介质、供应链各成员紧密关联的共生伙伴关系，通过资源整合集成、有效配置，形成价值共创的协同网络。在农业社会化服务关系网络中，或基于合作互补，或基于供需关系，形成了多种多样的连接，既有涉及产前、产中、产后全产业链服务功能链的连接，也有服务功能商——客户之间的供需连接，还有纵向合作与横向合作交织而成的混合连接。农业社会化服务的供应链取向选择，改变了以往农户与不同服务供给主体的连接，代之以农户与龙头企业之间的连接以及龙头企业主导下的农户与服务功能商的连接。这种连接，一方面依靠全方位服务增强了龙头企业与规模农户的合作黏性；另一方面建构了一种社会网络语境下的强连接。在强连接下，龙头企业以自身的服务资源为基础，整合其他服务资源，并通过某种制度设计使规模农户在获得系统或个性化服务的同时，形成对龙头企业较大程度的依赖，做出有利于促进双方进一步合作的行为安排，最终使参与各方获益。在强连接下，龙头企业与规模农户之间的"强关系"日益明显，两者的关系价值获取方式走出"自利性"，向"利用互利性行为创造新价值"转变，最终共同致力于价值共创活动中。这里，引入有关学者对关系治理行为的分类，即联合求解与联合规划两大类。那么，龙头企业与规模农户的强连接还表现在，双方不仅通过"联合求解"解决规模农户当前所需的服务问题（如龙头企业联合有关功能商提供自身可能无法提供的农机服务、仓储服务、融资服务等。当然，整合服务资源原本就是服务供应链构建的前提），而且还通过"联合规划"解决规模农户未来发展所需的服务问题，例如制订生产计划、讨论中长期发展规划等。

龙头企业与合作社等功能商之间也存在连接，连接的强度取决于双方达成何种合作方式。例如，实践中可能的合作方式有：其一，邀请配合。在承担某项功能方面，龙头企业要求功能商给予配合，例如通过电话或口头邀请功能商提供农机、农技、收购等上门服务。其二，租借。龙头企业租借功能商的设施设备，为规模农户提供服务。其三，开展联合，组建联合体、联盟。龙头企业召集或带动其他功能商参与。其四，合资合作、参股控股。这些合作方式中，双方或达成口头合作协议，或签订正式契约，显然，后两种方式的连接强度高于前两种。

（2）聚合。聚合是指聚集整合资源，凝聚参与各方，发挥合力，实现"1+1>2"的功效。在传统农业社会化服务供给模式中，龙头企业、合作社等中介服务组织都只能扮演服务功能商的角色，都是以"碎片企业"的形态存在。因此，农业社会化服务供应链作为实现聚合的载体和平台应运而生。这个以龙头企业为发起者的聚合平台，在龙头企业信誉资产和能力的背书下，以资源关联度、资源互补性、文化相容性和文化认同度为参照，将众多服务供给者（如农机、农资、仓储、融资等功能商）、服务需求者（规模农户）聚集整合起来，形成服务规模，提高服务效率，降低服务成本，更好地满足规模农户的服务需求，最终实现参与各方聚合式成长。聚合，不仅聚合资源，还聚合农业社会化服务的信息、经验、知识，让聚合各方更有效地参与到价值共创中，最大限度地实现聚合效应。聚合效应的一个间接成果就是形成农业社会化服务供应链品牌，这是在业务导向、需求满足之外由服务特色、口碑、影响力等形成的一种力量或符号印记，而品牌的感召力量将引致更大的聚合，包括数量的、质量的、本地区的、区域外的功能商和规模农户，最终形成一个资源互补、配置合理、运作高效的农业社会化服务生态系统。

（3）协调。良好的协调机制是农业社会化服务供应链高效运作的重要保障。前述连接、聚合机制要真正发挥作用，协调机制作为具体的实施保障机制必不可少。以往农业服务供给模式中，要么没有协调者（供需双方直接谈判对接），要么缺乏明确的协调主体（协调主体是变化的），另外，不同供给主体间各自为政，缺乏有效地协调，最终导致服务供给缺乏质量和效率。服务供应链模式下，龙头企业充当协调者，其服务供应链管理的一个核心职能就是协调。通过协调，既减少功能商、客户彼此搜寻对方的时间精力成本，也减少各参与方连接、聚合中的失序与内耗。龙头企业主导的农业社会化服务供应链协调主要包括：供需对接协调、服务时间协调、服务优先序的协调、服务中问题和冲突的协调、参与方行为不一致的协调，以及存在服务需求、服务应急、服务故障等不确定情形的协调。此外，还有纵向协调与横向协调交织的协调，以及服务系统内外关系协调。可见，协调水平、协调成本关乎着整个服务供应链的运行水平与运行效率。

（4）互动。农业社会化服务的供应链取向，为需求响应下服务供给主体间，尤其是龙头企业与合作社等功能商间的协同提供了组织载体和保障，从实质上看，则是建立一种以需求响应为导向的基于各自核心专长的服务外包和服务协同的供应链伙伴关系。而龙头企业和合作社等功能商、规模农户间的互动，有利于供应链伙伴关系的形成。不仅如此，成员间的互动有利于增进了解信任，提高合作默契和协同水平，进而提高合作绩效。当围绕提高农业社会化服务供给质量和效率的互动达到一定频率和层次，就迈入了价值共创的轨道。通过成员间的有效互动，或示范或知识溢出，促进互动式学习，在提升各方实力的同时，也能增强彼此间的文化相容性和认同感。当前，全国范围内也兴起了诸多农业社会化服务供需对接平台，但大多限于一次性或偶然性的对接，缺乏深入的互动。农业社会化服务供应链的组织构架（服务供应链属于介于企业与市场这两种制度之间的中间性体制）及其日益完善的信息平台支撑，则为供应链各方的有效互动提供了有力的平台。具体而言，各方依靠服务、培训、技术、资金、信息、质量、标准、契约、信誉以及文化等多元介质开展互动。例如，面向规模农户，龙头企业除自身提供或指派调度功能商提供现场服务外，还通过开展培训、生产指导、调研需求、传递信息、融资担保等与之建立联系；再如，龙头企业与合作社等功能商之间通过任务指派、服务规范、培训、契约以及共创品牌等建立联系。总之，各方通过互动，建立起有效沟通、关系维护和共同成长的通道，促进需求驱动的服务响应真正落地。

（5）共享。共生共享是农业社会化服务供应链取向的着眼点和归宿。如果说连接、聚合、协调、互动是共生的方式和手段，共享则是共生的目标和归宿。没有合理共享，就没有和谐共生。倡导共享，既是对共享经济理念的贯彻与实践——共享资源、能力、信息、知识，也是商业模式创新的动力和商业模式的生命力所在——利益共享是永恒的合作主题。龙头企业整合农业服务资源，正是基于共享经济模式催生出的共享资源的启迪，在此氛围下，合作社等中介服务组织也试图改变"单打独斗"的做法，加入资源整合行动中。能在多大程度上享受资源整合（包括规模农户的服务需求整合）带来的服务规模效应及收益增长，决定着合作社等功能商的整合参与和协同响应意愿。同样，对规模农户而言，也试图改变自包自揽或与不同服务功能商单独交易的高交易成本和低效服务的困境。能在多大程度上享受服务资源整合带来的个性化需求满足、服务响应及时和服务成本节约等服务升级效应，决定着规模农户的整合参与意愿，也决定着农业社会化服务供应链构建的成效。整合共享资源并不必然带来共享收益的增长，还需要在整合资源之后共享能力、信息、知识，甚至共担（共享）风险，还需要龙头企业以共享为纽带，切实提高供应链共生体的价值共创能力，使各类共享相互促进，相互补充，浑然一体，相得益彰。此外，通过共享，可以增强各方的联合依赖性，促进联合依赖效应的形成——减少冲突，降低交易成本和共生体内部的协调成本，同时，在共生系统内产生更高的资源共享（各类共享均可归结为资源共享）效应和协同效应，提高联合价值创造的边际收益。而这些增值收益，正是服务供应链取向的价值所在，也是新型商业模式的价值所在。

在五大机制中，如果说连接是起点、动因，共享是目的、终点，那么聚合、协调、互动则是为了连接、实现共享的手段（见图3-7）。由于连接方式的变化，或为了更好地实现（强）连接，农业社会化服务供应链这一新型商业模式应运而生。

图 3 - 7　商业模式演化机制之间的关系

3.3.4　两种典型模式的比较分析

为验证前面的理论探索，结合商业模式构成要素和演化机制，本书选取新希望六和的"担保鸡"服务模式和安徽农服的"331"服务模式两种典型模式（案例）进行比较分析。

3.3.4.1　两种模式概况

（1）新希望六和的"担保鸡"服务模式。新希望六和股份有限公司（简称"新希望六和"）创立于 1998 年，先后荣获农业产业化国家重点龙头企业、全国食品放心企业、2016 年全国十大领军饲料企业、中国肉类食品安全信用体系建设示范项目企业、2017 年福布斯全球 2000 强等荣誉称号。公司业务涉及饲料、养殖、肉制品以及商贸、金融投资等领域。

2007 年，新希望六和首创"担保鸡"服务模式①。具体而言，新希望六和在自身拥有饲料、种苗、兽药供应、技术和屠宰冷藏等服务资源的基础上，整合金融部门及相关企业等多方资源，拓展担保服务，按照"龙头企业 + 养殖合作社 + 养殖户 + 政府 + 担保公司 + 银行 + 保险公司 + 上下游企业""八位一体"的运作模式，有效响应规模养殖户的服务需求，同时，确保银行资金安全和禽肉制品质量安全。

（2）安徽农服的"331"服务模式。安徽省农业服务股份有限公司（简称"安徽农服"）成立于 2015 年，由安徽省农垦集团联合天禾农业科技集团

---

① 新希望六和，http：//www.newhopeagri.com/lh/briefintroduction/index.

等公司发起成立，是国内第一家以农垦为主导、以农服为主营的省级专业公司。2016 年，公司被评为"省级农业产业化龙头企业"，安徽农服农业社会化服务产业联合体被评为"省级示范现代农业产业化联合体"。

公司推广运营的"331"服务模式涵盖了农业生产的产前、产中及产后，具体而言，通过规避三大风险（用农业政策性保险和商业性保险叠加的办法规避自然风险；用职业农民种植适度规模土地的办法规避经营责任风险；用粮食银行、农产品期货的办法规避市场风险）、提供三项服务（技术服务、资金服务、烘干仓储服务）、建立一支队伍（农业社会化服务经纪人队伍）为规模经营大户提供全程农业服务①。

3.3.4.2　两种模式的比较

两种模式的比较如表 3 - 1 所示。

表 3 - 1　　　　　　　　　　　两种模式比较

构成—企业		新希望六和	安徽农服
商业模式构成要素	价值主张	为养殖户担保，助养殖户增收	规避风险，全程服务，让农民成为收入稳定受人尊重的体面职业
	目标市场	一定区域内的规模养殖户	自有土地 50 亩以上或本土流转土地 100 ~ 500 亩的种粮大户
	价值网络	纵向：企业内种畜禽场、饲料厂、兽药厂及外部的合作社；横向：担保公司（企业牵头）、银行、保险、同行企业、政府等	纵向：企业内农机、农资、农技等资源及外部的合作社等农服组织；横向：担保公司、银行、保险、政府等
	客户关系	利益相关者间建立"你中有我，我中有你"的利益共同体	协作伙伴——共同致力于为大户提供问题解决方案
	成本与收益	①养殖户：每只担保鸡多盈利 0.5 ~ 1.0 元；②新希望六和：自有服务供给收益，供应链管理收益及品牌收益；③银行等功能商：低风险、稳定收益	①种粮大户：每亩节约成本 50 ~ 80 元，每亩增产6%；②安徽农服：服务资源收益以及综合管理收益、品牌收益；③银行等功能商：银行风险降低，获稳定收益；合作社等功能商获规模化服务收益

①　安徽农服，http：//www. nf331. com/info. php？ class_ id = 101.

续表

构成—企业		新希望六和	安徽农服
商业模式演化机制	连接	银行保险等（功能商）—新希望六和（集成商）—养殖户（客户）	保险银行担保、合作社等（功能商）—安徽农服（集成商）—种粮大户（客户）
	聚合	八位一体的运作模式	内部服务组织＋合作社等外部农服组织＋保险银行担保公司
	协调	种禽、农资、技术、融资、收购等协调；风险控制与协调：养殖支出、收益在专用账户统一结算	构建经纪人队伍，协调农业服务组织与大户之间的关系
	互动	培训、指导、调研、信息、担保	培训、全程服务
	共享	养殖户收益增长；企业及参与方也获益	种粮大户节本增产；企业及参与方也获益

资料来源：根据企业实地调研及企业官网等整理而成。

可见，两种模式虽有种养行业的具体运营差异，但均较好地诠释了农业社会化服务供应链这一商业模式的要素和演化机制。此外，还有诸多共同点。

（1）两种模式都整合了内外部服务资源，更好地响应了规模农户的需求。

（2）两种模式均实现了服务创新。"担保鸡"模式改变了以往"各养殖环节单独交易、融资难、服务成本高"的服务模式，在解决规模养殖户融资保险难、提供一揽子服务方案、降低整体服务成本、确保持续增收方面实现了服务创新。"331"服务模式改变过去"以企业为中心，企业有什么服务资源就提供什么服务"的服务模式，向"以种粮大户为中心，种粮大户需要什么服务就提供什么服务"的服务模式转变，在帮助种粮大户规避风险、科学种田、解决困难以及节本增效方面实现了服务创新。

（3）两种模式下服务绩效（表现为参与主体的收益）均有所提升。

3.3.4.3　小结与思考

（1）商业模式创新需要由具有实力、战略观和责任担当的龙头企业推动。农业社会化服务供应链的构建，具有涉农属性、提供部分农业服务的实力型龙头企业向集成商转型是关键。龙头企业实力越大，聚合的参与者越多，资源越充分，聚合效果越好，模式的持续性更久。例如新希望六和、安徽农服都是典型的涉农企业，且颇具实力，在业界具有显著的声誉和影响力。

（2）价值网络或农业社会化服务生态系统的构建至关重要。例如案例中银行、担保、保险公司的引入，同行企业、农业服务组织以及与政府的合作，纵向横向的聚合与协调，有利于更好地整合配置资源，实现价值共创。

（3）在价值网络中实现价值共创需要有良好的制度设计。该制度设计能有效降低风险，将参与各方紧密地捆绑在一起，最终实现各方受益。例如，新希望六和贷款制度的设计。新希望六和发起进行资源整合，并牵头成立担保公司，贷款划入银行或担保公司的养殖户账户，贷款资金不到养殖户手中，养殖户将禽产品销售给新希望六和，所获收益减去养殖户从新希望六和（所辖公司）购买投入品的费用以及归还银行借款，剩下的才是养殖户的最后收益。再如，安徽农服贷款制度的设计。资金贷款服务也是在服务对象与农服公司签订粮食回购协议的前提下进行，粮食回购，回购款先行归还银行贷款，剩余则是农户的收益。

（4）如何彰显或实现价值主张，满足目标市场需求？最直接地，需要利益相关者，尤其是供应链参与各方进行有效连接、互动、共享。做到这些，进一步向外扩展开来，则需要龙头企业的担当与推动，聚合（包括进行有效的制度设计）各方资源，形成价值网络。同时，协调好网络的价值共创活动，构建良好的客户关系，并为各方测算可能的成本与收益，增加透明度，增强网络或链条的凝聚力、吸引力，以更好地聚合资源，开始新一轮的价值创造活动。两个案例进一步诠释了前面商业模式构成要素与演化机制，且将两者有机地结合在一起，更系统深刻地揭示了整个商业模式的创新演化过程（见图 3 - 8）。

3.3.5 结论与启示

3.3.5.1 主要结论

本章主要结论有：第一，指出农业社会化服务供应链模式实质上是农业

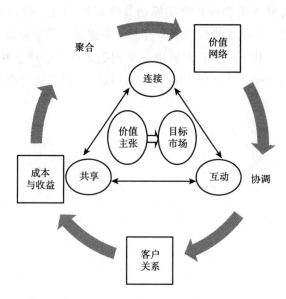

图3-8　基于要素与机制的农业服务供应链商业模式创新演化过程

服务供给的一种新商业模式，并诠释了价值主张、目标市场、客户关系、价值网络、成本与收益模式五大构成要素；第二，分析了商业模式创新的过程，分析讨论的视角包括商业模式创新的动因、新商业模式价值共创的形成以及商业模式中利益相关者交易方式的变革；第三，提出了农业社会化服务供应链取向的驱动机制，即：连接、聚合、协调、互动和共享；第四，结合新希望六和、安徽农服两个典型案例，分析了其商业模式构成要素与演化机制，更系统深刻地揭示了农业社会化服务供应链构建的关键点和基于要素与机制有机结合的商业模式创新演化过程。

3.3.5.2　管理启示

本章研究表明，农业社会化服务供应链的构建实质上是一项商业模式创新。而农业社会化服务供应链取向或商业模式创新，首先要培育一批有实力、敢担当的涉农龙头企业，具体而言，则是引导或推动现有的农业产业化龙头企业或实力型农业社会化服务组织（包括合作社）向综合服务集成商转型；其次需要大力倡导共享经济理念，营造氛围、创造条件，吸引银行、担保、保险、同行企业、农业服务组织以及政府部门的加入，推动农业社会化服务生态系统或价值网络的形成，以更好地整合配置资源，促进价值共创的实现；再其次需要龙头企业积极实施诱致性制度变迁，通过有效的制度设计，聚合、协调好各类功能商或主体资源，构建多元共生介质，推动利益相关者连接、互动、共享；最后需要进一步创造条件，搭建互联网信息平台，以提高供需主体之间、各类功能主体之间连接、沟通互动的质量和效率。

第 4 章

协同响应下服务供应链运行分析：管理框架与组织模式

在服务主体加强联合合作的背景下，农业社会化服务供应链的构建，创新了服务主体融合发展的视角，对于推进农业供给侧改革，提高农业社会化服务供给质量和效率具有非常重要的意义。作为服务供应链理论在农业领域的延伸与应用，农业社会化服务供应链其管理和运行方式有何特点，或者农业社会化服务供应链管理框架如何构建，以及实践中具体的组织模式有哪些，这些问题还有待进一步深入研究。而这些，正是本章拟探讨和回答的问题。

前述章节已指出，为响应农户需求尤其是规模农户需求，服务供给主体趋于合作，服务资源趋于整合，服务组织趋于一体化。在响应规模农户个性化、综合化需求的新形势下，在服务组织趋于一体化的总体态势下，作为一种中间形态，由龙头企业主导的农业社会化服务供应链无疑是达成主体合作、资源整合、协同响应的适宜组织形式。

4.1 农业社会化服务供应链的运行范畴：管理框架

农业社会化服务供应链管理框架包括：服务需求管理、资源与能力管理、关系管理、服务订单流程管理、信息技术管理和服务绩效管理（见图4 - 1）。管理框架的构建系统界定了供应链运行的基本范畴，在理论上完善了农业社会化服务供应链管理理论，实践上则有利于作为服务供应链核心的龙头企业把握管理重点，建立管理遵循，提高管理效率。

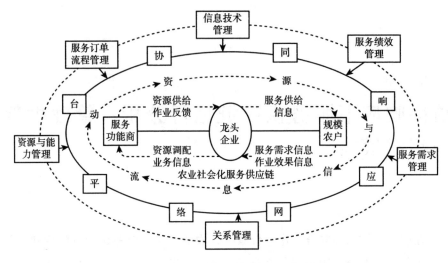

图 4 – 1　农业社会化服务供应链管理框架

4.1.1　服务需求管理

针对规模农户的服务需求管理包括五个环节：（1）需求信息收集。大体有两种方式，一种是在诸如农村便利店、农村电子商务综合服务站等村镇网点设点，进行信息咨询与服务登记；另一种是通过互联网平台进行需求信息收集。（2）需求确认。龙头企业在获取规模农户登记的服务需求信息后，通过客服与规模农户进行沟通，确认其服务需求信息的真实性和具体情况。（3）需求分类。龙头企业对经确认的服务需求信息按照种养领域、服务内容、服务时间等进行分类管理。（4）需求对接与服务实施。指派合适的服务功能商为规模农户服务，制定服务规范和标准。（5）需求跟踪与预测。定期对规模农户的服务需求满足情况、服务需求变化情况进行跟踪调查和监测分析。

4.1.2　资源与能力管理

资源与能力管理包括：（1）自有资源管理。根据规模农户的服务需求意愿，龙头企业需要结合自身情况，明确哪些资源是自身需要拥有的或自有资源能满足规模农户的需求程度，并在这些资源领域形成自身的主营业务，着力构建自有资源的特色、优势与能力。（2）整合资源管理。龙头企业拟订适当条件，遴选相应外部资源（功能商），将其整合融入资源库，然后根据规模农户的服务需求订单，选择匹配性好的服务功能商为规模农户提供服务；结合农户的反馈，龙头企业对合作社等服务功能商的服务能力、服务水平和服务绩效等进行测评，对于表现较差的服务功能商进行淘汰和替换，对于表现优异的服务功能商则在任务分配时优先考虑。（3）能力管理。这主要指龙头企业需要对自身的整合能力、资源配置能力、供应链管理能力及供应链整体的协同响应能力等进行评估与改进，其中，协同响应能力的管理，需要龙头企业对服务功能商、规模农户进行适当的培训、指导和行为规范。此外，由于规模农户需求的变化和外部环境的不确定性，如需求的季节性、集中性、应急性，因此，在有限资源和能力条件下，快速响应规模农户需求的柔性管理能力对龙头企业而言也至关重要。

4.1.3　关系管理

关系管理分为规模农户关系管理和服务功能商关系管理。（1）规模农户关系管理。协同响应规模农户需求不是一次性的，龙头企业应致力于与规模农户建立长期稳定的合作伙伴关系。龙头企业面向规模农户的关系管理包括：记录合作农户的地理位置、经营领域、经营规模、服务购买行为等基本信息，把握其需求特征，有针对性地为其提供服务；不定期开展互动，增进了解信任；技术指导与培训；服务满意度跟踪调查，及时响应规模农户诉求；吸纳有闲置服务资源的规模农户加入服务功能商行列，提高其收益和供应链参与度；参与规模农户发展规划制定，及时给出指导建议。（2）服务功能商关系管理。作为集成商，龙头企业还应致力于与合作社等服务功能商建立长期稳定的合作伙伴关系。龙头企业面向服务功能商的关系管理包括：通过口头或正式协议，采取邀请功能商配合完成某一功能，或租借服务设施设备，或组建联合体，或合资参股等合作形式，建立多元利益联结机制；提供服务实施的技能培训、服务标准和服务规范培训；线上、线下互动，信息与经验分享；加强沟通，及时解决服务供应中存在的问题；根据服务功能商的服务情况，进行服务绩效评估，奖优罚劣；参与服务功能商发展规划制定，提供必要的指导。

4.1.4　服务订单流程管理

服务订单流程管理是农业社会化服务供应链运作的核心，订单流程的有效管理关乎协同响应的效率。服务订单流程管理是指从订单生成→订单分配→订单履行→订单回访的一个完整的全链条订单管理。具体步骤为：第一步，龙头企业在村镇网点或网络平台收到规模农户服务需求登记信息以后，对该信息进行确认和核实，形成服务订单（包括服务价格）；第二步，在订单生成以后，龙头企业根据订单的内容和要求，筛选出相匹配的服务功能商，然后把服务订单（包括服务收益分配，或由龙头企业提取管理费）分配给合作社等服务功能商；第三步，由合作社等服务功能商与规模农户进行现场对接，履行具体的服务活动，完成订单任务；第四步，在服务功能商和规模农户同时反馈订单已完成后，进行相关服务费用结算，同时，分别对服务功能商和规模农户就该服务订单的履行情况进行回访，并形成记录和归档，为后续的服务绩效评估及供应链管理优化提供依据。此外，订单流程管理中还需进一步探讨和说明的两个问题：一是服务供需匹配。龙头企业应尽可能健全服务功能商供应池，为每个有服务需求的规模农户推荐 2 ~ 3 家与之相匹配的合作社等服务功能商，规模农户根据自己的需求偏好进行服务功能商的选择，如果规模农户没有满意的，可进行第二轮推荐。当然，经过多轮合作后，服务评价好的服务功能商可以被优先推荐给规模农户。二是服务费用支付。规模农户在形成服务订单后，将服务费用支付给龙头企业，在订单完成以后，通过农户确认服务完成，龙头企业再将扣除管理费之后的服务费打入服务功能商账户。

4.1.5　信息技术管理

农业社会化服务供应链的协同响应要求各主体间的运作保持一致性，因此，龙头企业要尽可能创造条件，建立高效的信息网络平台，以利于实现对包括需求管理、资源与能力管理、关系管理、订单流程管理和服务绩效管理等在内的服务供应链管理。信息流的运行效率决定主体间的互动水平和互动质量，也决定服务供应链功能的产出效率，因此，紧跟包括技术环境在内的外部环境变化的信息技术管理是整个服务供应链管理的重要技术支撑。

4.1.6　服务绩效管理

农业社会化服务供应链的服务绩效是衡量服务供应链运行状况的重要指标。服务绩效不仅反映服务供应链运行的质量和效率，而且反映服务供应链运营的稳定性和持续性。服务绩效管理主要从过程绩效和结果绩效两个方面进行管理。过程绩效管理主要关注农业社会化服务供应链协同响应运行过程中的绩效情况，例如需求响应的速度、服务的柔性、各环节衔接的有效性、功能商服务实施的质量等；结果绩效管理主要关注规模农户的服务成本降低程度、规模农户的服务满意度、龙头企业和服务功能商的社会声誉提升，以及两者各自的整体服务收益增加等。服务绩效管理关乎运行测评、绩效考核、激励约束与供应链优化，因而也是服务供应链管理的重要评价、监督和控制手段。

4.2　农业社会化服务供应链的构建：组织模式

管理框架揭示了龙头企业（集成商）主导的供应链管理范畴和运行基本点，但现实运行又该如何组织呢？在日益兴起的农业社会化服务供应链运行实践中，涌现出几种颇具代表性的组织模式。按集成商整合功能商资源的各种情形，这些组织模式具体包括：在资源整合的初始动力上，有延伸涉农服务的天禾模式；在资源整合的服务主体关联上，有构建服务联合体的山西翼城模式；在资源整合的平台搭建上，有聚合资源打造全产业链现代农业服务平台的金丰公社模式；在资源整合的供需联结上，有与农户进行利益捆绑的新希望六和的"担保鸡"服务模式。前述管理框架在这些模式中均有一定程度的体现。

4.2.1　天禾模式：延伸种业服务，提供系统销售服务

天禾农业科技集团是以原安徽省种子总公司为主要发起人设立的股份制

企业，主要致力于农作物优良品种的培育、生产、销售以及农业生产全程社会化服务，以资源整合延伸种业服务，打造"中国农业服务第一品牌"。公司先后创新了"四代一管"全程服务模式、粮食生产供应链管理模式；联合农业大县优秀的农资经销商，建立农事服务中心，形成市、县两级农事服务体系。所谓"四代一管"，就是代育秧、代耕作、代机插、代机收和田间管理，也即农业生产全程代耕服务。天禾农业集团"互联网＋农业全程服务"平台之一，六安市霍邱全程农事服务中心已落地运行，旨在通过现代信息网络平台聚集优化要素组合、打通供需双方通道、链接各参与主体利益，推动新型农业生产经营体系建立①。

天禾公司由最初的种子销售发展到为农户提供"四代一管"的农业生产全程服务，适应了农业发展的新形势新要求。可以看出，天禾公司更多的是利用自身的服务资源为农服务，更多地属于一体化型的服务组织。但公司也看到了自身的局限，联合有关农资经销商，目的就是利用经销商在当地的良好客情关系或拥有的农资资源，共同响应农户需求，做大农服市场。"互联网＋农业全程服务"平台的落地运行，则更有利于天禾公司聚集各类资源，构建供需双方互联互通平台——按照格兰诺维特（Granovetter，1973）的弱连接优势观点，弱连接利于联合其他网络位置的主体来减少社会结构的限制以取得结构利益。平台构建之初类似于建立一种弱连接，打破原来农业社会化服务供求孤立、分散、各自为政的社会结构限制，获取新的结构利益，促进公司向服务集成商转型。可见，天禾公司通过整合不同功能商资源——关系管理上属于弱连接，并借助"互联网＋"，拓展资源整合范围，不仅有利于扩大服务资源和能力，为农户提供更全面的农业社会化服务，也让天禾公司自身的资源有了稳定的市场，并有效地拓展了业务范围，有利于公司的服务绩效提升和长远发展。

4.2.2　山西翼城模式：以"三级四化五降减"为核心，构建服务联合体

在 2019 年全国农业社会化服务第一批典型案例中，山西翼城县农业社

---

① 天禾农业科技集团，http://www.ahthzy.net.

会化服务联合体名列其中。该联合体以翼城县农业龙头企业山西新翔丰农业科技有限公司（简称"新翔丰"）为主体，整合农资、农机、植保、粮食收储等相关涉农服务组织而成。其创建的"三级四化五降减"的农业生产托管"翼城模式"，对破解种地增收难题进行了有益探索。"三级"即"三级体系"（整合运营）：县级农业社会化服务联合体、乡镇农业生产托管服务中心、村级农业生产托管服务站；"四化"即"四化建设"（服务绩效管理）：作业标准化、服务规范化、管理统一化、技术实效化；"五降减"即"五个降减"（需求管理）：降低农资成本（统一采购）、降低农机作业成本（连片规模生产）、降低农民种地务工投入成本（农业生产托管）、减少农药用量（精准使用绿色综合防控技术）、减少化肥用量（测土配方施肥技术和新型肥料应用）。

该联合体是"功能商（农资、农机、植保等）—集成商（新翔丰）—客户（农户）"型农业社会化服务供应链在实践中的具体组织形式。前面提及的管理框架各要素在案例中均有具体体现（见图4-2）。新翔丰作为集成商（自身有部分资源），负责资源整合、统一协调、统一管理。乡镇农业生产托管服务中心负责具体运营，包括托管服务的组织实施、技术培训、农机调配、质量把关等。乡镇和村级均设有联系人，负责沟通联络（信息管理可能较原始，但灵活、可行）。在关系管理上，由于均属本县区域，集成商与功能商的关系比较稳定、紧密，当然也会视服务绩效考核情况对功能商进行奖惩与淘汰；"四化五降减"确保了服务质量和农户节本增收（每亩节本增收350元左右），让农户放心托管，集成商与客户之间的连接也比较稳定。

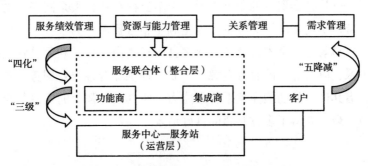

图4-2　山西翼城模式管理框架实践示意

4.2.3　金丰公社模式：搭建专业化农业服务平台

2017 年 7 月，由中国领先的农化企业——金正大集团发起并控股，世界银行集团国际金融公司、华夏银行共同参与的金丰公社正式在北京创立。金丰公社既不是一家农资产品的制造商，也无须自己独立完成所有服务内容，而是打造一个联动种植业相关各方资源的平台。在产业链上游，金丰公社将汇聚全球农业资源，例如整合巴斯夫、拜耳、汉和航空、道依茨法尔等全球领先的肥料、农药、飞防、农机公司资源，以及农业无人机企业汉和、阿里乡村大农业、蚂蚁金服农村金融等行业优质资源。在中游则是搭平台，与中国重要种植区域的合作伙伴一起建立 1000 家县级金丰公社农业服务机构。作为平台，整合资源和渠道实力，为下游 5000 万农户提供全方位多元化农业服务。以山东莱州金丰公社为例。当地销售农机具的经销商在转型的过程中，缺乏农资、植保服务方面的经验和资源。而通过与金丰公社合作成立莱州金丰公社，以机播手的农机具服务作为载体，可以提供和带动农资供应、粮食烘干、代收代储、果蔬冷链等各个方面的产品与服务。运用这种模式，莱州金丰公社在各个乡镇建设综合服务站，打造 3 公里农业服务的生态圈①。

金丰公社成立之初就定位为打造一个专业化农业服务平台，致力于汇聚全球种植产业链优质资源，包括上游、中游资源等，为中国亿万个农户提供全方位的农业服务，是一个典型的服务集成商。金丰公社强大的背景和实力，使其容易与产业链相关企业达成战略合作关系，易于整合相关资源为己所用——从社会资本的角度来看，金丰公社在社会关系网络中的有利位置，为其带来了更多的社会资本，也更利于整合资源。为掌控更多资源，使资源整合更易落地，金丰公社还与众多县级经销商合作，利用其在当地良好的客情关系，以及拥有的服务资源，为农户提供综合性农业服务。可见，金丰公社凭借其良好的功能商关系管理能力，使其具备强大的资源整合能力和服务能力，最终获得了多方共赢的良好绩效。

---

① 金丰公社，http://www.kingfarm-china.com.

4.2.4　新希望六和的"担保鸡"服务模式：与农共生共创

新希望六和股份有限公司（简称"新希望六和"）是一家致力于整合全球资源、打造安全健康的大食品产业链的农业产业化国家重点龙头企业。新希望六和首创"担保鸡"服务模式，旨在发挥自身一体化运营的产业链优势，整合多方资源创建养殖担保体系，支持养殖农户从事标准化养殖[①]。具体而言，以新希望六和为集成商，以种畜禽场、饲料厂、兽药厂、养殖服务公司、冷藏加工厂、银行、担保公司、保险公司、养殖合作社等为功能商，构建起"种畜禽场、饲料厂、合作社、银行、担保公司等（功能商）—新希望六和（集成商）—规模养殖户（客户）"的农业社会化服务供应链。这里，新希望六和既整合了内部的种畜禽场、饲料厂、兽药厂等下属企业服务资源，也整合了银行、担保公司、保险公司、合作社等外部服务资源，极大地响应了规模养殖户产前、产中、产后，尤其是融资担保方面的需求。

新希望六和本身集饲料、种苗、屠宰冷藏、兽药供应和技术服务于一体，是典型的涉农龙头企业，且实力强大，通过一系列以担保为核心的制度设计（见图4-3），与养殖户进行利益捆绑，共生共创，为养殖户其提供个性化、全面化、专业化的农业社会化服务（如禽舍建设、养殖技术、资金筹集、风险防范、应急处理、成品回收等），最终实现龙头企业、养殖户、服务主体（功能商）等多方共赢：确保了银行资金安全（担保公司提供贷款担保，银行将贷款划拨给养殖户开设的指定账户，由担保公司管理，收入支出均由担保公司结算）和禽肉制品质量安全，也降低了养殖户的养殖风险（产前、产中、产后全过程服务外包，专心养殖），解决了资金技术难题，确保养殖户获得稳定收益。

4.2.5　小结

首先，从上述组织模式可以看出，随着龙头企业从"产品"主导（销售

---

① 新希望六和，http：//www.newhopeagri.com.

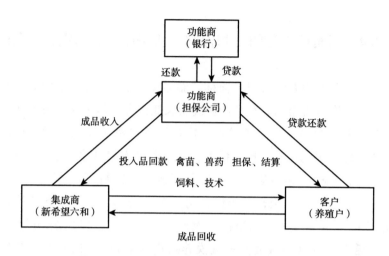

图 4 - 3　新希望六和以担保为核心的制度设计

农资产品）到"产品 + 服务"主导或"服务"主导，龙头企业逐渐向农业综合服务提供商转型，以拓展市场，寻找新的利润增长点，并通过整合内外部资源，与功能商以及规模农户建立更紧密的关系。在此过程中，以"连接""共享"为驱动的农业社会化服务供应链协同网络得以构建（见图 4 - 4）。如果说协同网络搭建了一个大平台，则管理框架提供了一个基本的运行指南，组织模式呈现了一个个具体的实践形式。

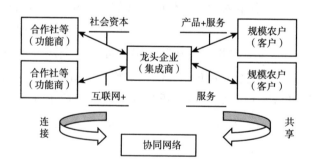

图 4 - 4　农业社会化服务供应链协同网络构建

其次，对龙头企业而言，企业涉农、实力、声誉与企业定位（资源整合者）是企业向服务集成商转型、牵头构建协同网络的关键驱动因素。龙头企业涉农超强（经营领域与农业关联大）、实力越大，越具有战略眼光，则越能洞察农业社会化服务领域的商机，越有做大农业社会化服务市场的动力，越容易向服务集成商转型；龙头企业实力越强，声誉越高，则越利于企业进行纵向横向资源整合，越容易吸引不同类型的功能商以及规模农户加入；龙头企业越能借助"互联网＋"，则越利于提高资源整合效率。

最后，各主体之间协同合作的制度设计越合理，越是进行有效的利益捆绑，则越能增强供应链伙伴关系，越能共生共创提高协同动力和协同绩效。功能商资源整合越多，则服务能力越强，服务效果越好。越是能降低成本和风险，越能获取稳定收益，则规模农户越愿意加入协同网络。

4.3　结论与启示

农业社会化服务正成云涌之势，服务主体之间的联合、合作日益加强。农业社会化服务供应链的研究刚刚展开。管理框架的构建，系统界定了供应链运行的基本范畴。作为服务供应链构建的起点，需求管理旨在更好地把握和响应规模农户需求；资源与能力管理，则利于更好地整合功能商资源；关系管理，则利于维系整个供应链协同网络，使协同网络在正式契约之外有更多的关系契约保障；订单管理，涉及具体的业务响应过程；信息技术管理利于提高协同效率和协同质量，是当前实践中应强化的领域；绩效管理关乎整个服务供应链管理运行的评价，利于把握整个供应链运行的状态，以便为优化和完善供应链提供依据。管理框架的构建，在理论上完善了农业社会化服务供应链管理理论，实践上则有利于作为服务供应链核心的龙头企业把握管理重点，建立管理遵循，提高管理效率，对于正在运行的农业社会化服务供应链指导意义更为明显。结合集成商整合功能商资源的各种情形，呈现出延伸涉农服务的天禾模式、构建服务联合体的山西翼城模式、搭建平台的金丰公社模式和与农户进行利益捆绑的新希望六和的"担保鸡"服务模式。上述模式是农业社会化服务供应链运行的生动实践，也揭示了龙头企业性质（涉农、实力、声誉与企业定位等）、供应链协同网络构建和协同网络制度设计的重要性，而这三个环节也是紧密关联的关键环节。

根据前述农业社会化服务供应链管理框架和组织模式的研究，有关启示和建议如下：（1）对政府相关部门而言，应为农业经营性服务组织、规模经营主体创造良好的发展环境，促进各类主体健康成长；当前应着力扶持、壮大一批涉农龙头企业，尤其是"产品＋服务"型的农业产业化龙头企业（涉农更深），引导其向综合服务提供商转型。具体措施如，推进落实通过政府购买服务等方式，培育农业服务集成商、专业化服务功能商；采用贷款贴息、信贷担保、以奖代补等方式，支持符合条件的规模农户和服务主体兴建生产服务设施、扩大生产规模。（2）对于涉农龙头企业而言，应加快服务转型，明确"资源整合者"的定位，树立"资源不求所有，但求为我所用"的新型资源观和企业发展观，充分利用自身的"声誉力、专家力、奖赏力"等渠道权力，吸引不同类型的优质服务功能商和规模农户加入，共同构建农业社会化服务供应链协同网络，共生共创，共赢共享；对于已转型为服务集成商的龙头企业，在服务供应链管理中则应强化管理框架意识，把握管理重点，不断提高供应链管理能力和管理效率。（3）对于合作社等中介服务组织而言，则应强化合作意识、规模意识和品牌意识，积极加入资源整合行列中，适当拓展服务领域，进行适度的专用性投资，积极发展与集成商互补型、增强型服务资源，增进供应链协同。（4）对于规模农户而言，应改变自包自揽的服务自给模式，促进服务规模化和节本增效，积极参与服务供应链协同网络建设，加强配合与协同，共同致力于服务绩效的提升行动中。

第 5 章

服务供应链运行机理：服务主体协同响应的实证分析

第 4 章有关管理框架、组织模式的探讨，是对服务供应链运行情景的初步勾勒，旨在为服务供应链构建提供管理遵循和实践范例。本章则进一步揭示供应链协同运行的深层次机理，具体包括：建立经济计量模型，分别对服务供应链环境下服务组织、龙头企业的协同响应意愿进行实证分析；在此基础上，运用结构方程模型探讨供应链整合（包括整合机制和整合信息技术）对农业社会化服务绩效的影响以及协同网络的中介作用。

5.1 服务供应链环境下服务组织协同响应意愿的实证分析

农业社会化服务正进入一个以服务供应链为载体、协同响应的时代。依托服务供应链，既能摆脱一体化组织为规模农户提供全方位系统化服务实力不足的束缚，又能达到整合服务资源、共同创造客户价值的目的。从单个服务主体功能单一地提供某项服务独立创造有限价值，到服务主体共生协同提供系统化个性化服务、供应链三方成员共同创造价值，这就是服务供应链组织形式带来的制度收益。服务供应链的构建与运行取决于各节点成员的积极响应，作为功能商的服务组织的协同响应意愿成为亟待探讨的问题之一。

5.1.1 文献回顾与研究假设

5.1.1.1 文献回顾

由于农业社会化服务供应链的研究刚刚起步，服务组织协同响应意愿的直接研究相对缺乏，有关服务交互、供应链协同的间接研究可资借鉴。有学者认为，交互过程、服务组织自身特征、关系状况与环境特点是影响企业服务交互的重要因素（Axelsson et al.，2002）。冷霄汉等认为，关系和信任是农产品供应链绩效提升的重要内部社会资源。陆杉的研究指出，供应链关系资本对供应链协同有显著的促进作用。张玉春等指出，提高供应链快速响应能力，需要加强信息共享，需要为顾客提供柔性、快速的定制化服务，需要构建信任机制、沟通协调机制以及激励机制。彭建仿提出，企业与农户的供应链协同是协同主体双方的激励性、互补性、组织性、互动性等因素驱动下的行为调整。可见，协同响应与系统外部的市场环境等因素有关，也与系统内部的因素，例如互动共享、合作关系、合作机制等有关。

另外，农业经济领域有关合作社社员或农户合作供给意愿、合作意愿及参与意愿的文献也可作为参考。蔡荣等通过实证研究发现，社员生产规模、合作社领办主体身份和合作社声誉等级对社员资本供给意愿具有显著影响。乔丹等的实证分析表明，社会资本（关联与信任）、农户认知和社区规范均对农户合作供给小型水利设施的意愿有显著的正向影响。孙艳华等的研究表明，社长信任与系统信任（对合作社组织的整体信任）对社员在业务、资本和管理方面的合作意愿具有显著影响。冯娟娟等从成员参与行为特征、成员收益变化、成员与合作社信任关系和成员家庭经营特征与个人特征等方面探讨了影响成员参与合作社治理行为的因素。可见，协同响应影响因素既可能源于供应链合作主体之间（如信任关系、收益分配），也可能源于合作主体自身（如合作主体特征），还可能源于外部环境（如政策支持）。

综上所述，现有文献大多从企业服务交互、农产品供应链、供应链协同、社员或农户合作意愿等视角研究不同主体间协同或合作的影响因素，间接地勾勒出协同响应意愿影响因素的几大方面，例如互动关系、合作能力、合作机制、主体特征、外部环境等，对厘清农业社会化服务供应链中服务组织协同响应意愿的线索颇有启迪。本章以农业社会化服务供应链为切入点，从协同动机和协同机制两大类，以及外部环境、内在动机、利益分配和互动关系四个微观层面，采用最新的一手调研数据，实证检验了服务组织协同响应意愿的影响因素，进而有助于服务组织理性认识服务联合与合作的价值和影响，为服务主体的高质量发展提供实践指南，同时也丰富了供应链管理理论在农业服务领域的应用。

5.1.1.2　研究假设

服务组织参与协同响应有两层内涵：一是服务组织与龙头企业进行协同响应提供优质服务的动因；二是需要构建有效的协同响应机制，夯实协同双方良性互动和互惠共生的基础。首先，服务组织参与协同响应的动因是什么？从外在动机来看，主要来自外部环境因素影响，包括市场对优质农业社会化服务的需求、行业竞争需要、政府号召和引导等因素。从内在动机来看，主要来自服务组织自身的组织特征、服务意识、服务能力和"推拉"型的协同动力。总体而言，服务组织之所以参与协同响应，外部环境起着刺激、诱致和引导作用，而内在动机则起着决定作用。其次，如何确保服务组织参与协同响应的持续性和稳定性？持续稳定的协同响应对于确保农业社会化服务的有效供给和质量水平具有重要的意义。持续稳定的协同响应主要取决于两大因素。一是反映结果的利益分配。利益分配越合理，越能增强双方的协同意愿，并进一步密切双方的关系，提升服务协同供给水平。二是反映过程的互动关系。龙头企业与服务组织之间的交流互动、共享信息等资源、共同解决问题、技术指导和培训支持等表征互动关系质量的活动越频繁，则协同响应质量越高。

综上所述，本书将服务组织协同响应意愿的影响因素归纳为两类八个方面（见表 5-1）。一类是协同动机因素，包括外部环境与内在动机因素；另一类是协同机制因素，主要包括利益分配和互动关系。

表 5-1　　　　服务组织（服务功能商）协同响应意愿的影响因素

项目	影响因素		具体表现	影响
协同动机	外部环境	外部环境	市场需求、行业竞争、政府作用	促进
	内在动机	服务组织特征	收入水平、负责人文化程度	促进
		服务意识	提升服务水平方式、与规模农户合作关系类型	促进
		服务能力	服务年限、服务项目数、区域外服务情况	促进
		协同动力	服务组织自身驱动力、龙头企业吸引力	促进

续表

项目	影响因素		具体表现	影响
协同机制	利益分配	利益分配	利益分配方式	促进
	互动关系	互动依赖关系	与龙头企业之间合作的必需行为	促进
		引导措施	合作中应采取的引导措施	促进

（1）外部环境。外部环境是指刺激、引致服务组织参与协同响应的外在影响因素，例如市场需求、行业竞争、政府作用等。服务供应链是企业适应环境和客户价值变化的产物。外部环境是服务组织行为转变的重要诱致力量。

假设1：市场需求、行业竞争、政府作用等因素对服务组织协同响应意愿有积极的促进作用。

（2）服务组织特征。服务组织特征是指服务组织的收入水平、负责人文化程度等特征。一般而言，服务组织的收入水平和其负责人文化程度越高，其拓展服务规模、提高服务质量、增强互补合作的意愿越高，其协同响应的意愿也越高。

假设2：服务组织的收入水平和其负责人文化程度越高，越倾向于参与协同响应。

（3）服务意识。服务意识是指服务组织对满足需求水平方式的认知，以及对与规模农户之间合作关系类型的认知。服务组织的认知水平越高，越愿意为满足规模农户需求而进行协同响应。

假设3：服务组织的服务意识越强，越愿意协同响应规模农户需求。

（4）服务能力。服务能力是指服务组织提供服务的年限、所能提供的服务项目的多少以及为区域外农户提供服务的情况。服务能力越强，越容易达到协同响应的要求。

假设4：服务组织的服务能力越强，越愿意参与协同响应。

（5）协同动力。服务组织基于降低搜寻成本、提高服务收益、获取服务规模效应等方面的考虑，自身有参与协同合作的推力。另外，龙头企业实力、声誉等方面的吸引力也是服务组织参与协同的重要拉力。在渠道权力配置中，龙头企业要多运用奖赏力、专家力和声誉力，以提高农户参与安全农产品供给的协同动力和协同能力。

假设5：服务组织的协同动力越强，越愿意参与协同响应。

（6）利益分配。收益共享契约机制能有效促进供应链协同创新。没有合理分享，就没有协同响应。

假设 6：利益分配越合理，服务组织越愿意参与协同响应。

（7）互动依赖关系。龙头企业与农户围绕保障农产品质量安全和稳定供给进行的事前、事中、事后有效分工与良性互动，是双方互惠共生的显著特征之一。服务供应链中，集成商与功能商之间的沟通交流、信息共享、共同解决问题等互动行为及日益增进的相互依赖和伙伴关系，对于维系协同响应至关重要。

假设 7：互动依赖关系越强，服务组织越愿意参与协同响应。

（8）引导措施。作为供应链主导者的集成商，除了对参与协同响应的功能商提出相关要求外，也应该有诸如制定标准、沟通、培训指导等引导措施，也是互动措施，让功能商在合作中成长，也利于增进相互了解和信任。

假设 8：引导措施越有力，服务组织越愿意参与协同响应。

5.1.2　数据来源

本次调查的对象主要是能够为规模农户提供产前、产中和产后服务的农业社会化服务组织。调查范围主要涉及种植、养殖业，具体包括水稻、小麦、玉米、蔬菜、水果、茶叶、畜禽、水产品等领域。调查数据来源于 2017年 12 月至 2019 年 5 月课题组成员和 40 多位研究生、本科生对江苏、山东、河北、吉林、安徽、湖北、河南、四川、重庆等东、中西、部省份的服务组织的实地调查（见表 5-2），主要对服务组织的基本特征、是否愿意与龙头企业进行合作与协同响应及其影响因素进行调查。

表 5-2　　　　　　　　　被调查服务组织地区分布情况

地区	服务组织（个）	比例（%）	地区	服务组织（个）	比例（%）
东部地区	45	32.1	河南	18	12.9
江苏	19	13.5	湖北	12	8.6
山东	12	8.6	西部地区	36	25.7
河北	14	10.0	重庆	20	14.3
中部地区	59	42.2	四川	16	11.4
吉林	14	10.0	合计	140	100.0
安徽	15	10.7			

调查问卷经过了问卷初步设计、征求专家意见、预调查、修改完善等过程。为确保调查质量，课题组在调查员的遴选、培训、跟踪和指导支持方面做了大量工作。实地调查中，课题组通过随机抽取样本、调研员一对一访谈的方式，发放问卷168份，收回有效问卷140份，问卷有效率达83.3%。

此外，被调查服务组织的服务年限和负责人情况，如表5-3所示。

表5-3 被调查服务组织基本情况

服务年限	服务组织（个）	比例（%）	负责人文化程度	服务组织（个）	比例（%）
1~2年	17	12.1	初中及以下	16	11.4
3~4年	31	22.1	高中	52	37.1
5~6年	39	27.9	大专及本科	70	50.1
7年以上	53	37.9	研究生	2	1.4

5.1.3 实证分析结果

5.1.3.1 描述性分析

（1）服务组织参与协同响应的原因。一般而言，服务组织会从自身情况、龙头企业能力及外部环境角度综合考虑是否与龙头企业进行合作。实地调查表明（见表5-4），在服务组织参与协同响应的原因中，首先是自身具备一定的服务资源和能力，占62.9%；其次是增加服务收益，占59.7%；龙头企业的整合集成能力也是服务组织所看重的，占57.3%；政府的政策引导也不容忽视，占37.1%。

表5-4 服务组织参与协同响应的原因

合作原因	服务组织（个）	比例（%）	合作原因	服务组织（个）	比例（%）
政府政策引导	46	37.1	良好的合作意识	64	51.6
自身具备一定的服务资源和能力	78	62.9	龙头企业的整合集成能力	71	57.3
增加服务收益	74	59.7	信息平台的支撑	31	25.0

注：因题项为多选题，故所有选项比例之和不等于100%。

（2）与龙头企业的合作经历情况。目前，服务组织大多与龙头企业有过合作经历，占 63.6%。其中，刚开始进行合作的占比 23.6%，合作中有中断的占比 23.6%，保持连续合作的占比 52.8%。可以看出，超过一半的服务组织愿意与龙头企业保持长期合作。

（3）与龙头企业合作的满意度。在与龙头企业已经合作过的服务组织中，对合作表示"非常满意"的占 8.8%，表示"满意"和"一般"的分别占 37.4% 和 48.4%，表示"非常不满意"的占 5.5%。将满意程度由低到高依次赋值为 1~5 分，计算得出均值为 3.60，标准差为 0.73，众数为 4 高于均值，分布基本合理。服务组织对合作的整体满意度为 72%。

（4）与龙头企业进行协同响应的动力。服务组织与龙头企业进行协同响应的动力（见表 5-5），主要是：能够提高服务收益（71.8%），可以更好地响应规模农户需求（69.4%），能获得服务品牌效应（66.1%）以及能够获得服务规模效应（66.1%）。由此看出，服务组织的协同响应更多地受到经济利益的驱使，这也符合服务组织作为理性经济主体的特征。

表 5-5　　　　　　　　　　服务组织参与协同响应的动力

合作动力	服务组织 （个）	比例 （%）	合作动力	服务组织 （个）	比例 （%）
降低搜寻成本	63	50.8	获取服务品牌效应	82	66.1
提高服务收益	89	71.8	更好地响应规模农户需求	86	69.4
获取服务 规模效应	82	66.1	改变"单打独斗"、各自为政的局面，提高服务供给质量和效率	60	48.4

注：因题项为多选题，故所有选项比例之和不等于 100%。

（5）与龙头企业合作所期望的利益分配方式。与龙头企业合作过程中，62.1% 的服务组织希望龙头企业建立可以合理分享的利益分配机制，有 29.8% 的服务组织希望龙头企业严格按照合同规定分配利益，仅有 8.1% 的服务组织愿意接受龙头企业自主决定的利益分配方式。

（6）龙头企业驱动服务组织协同响应应采取的行为和措施。为驱动服务组织参与协同响应，龙头企业应采取的行为包括：共赢共享（占比高达 85.5%），多方位交流互动（78.2%），信息等资源共享（74.2%）和共同解决问题（69.4%），行为一致性（43.5%）。为引导服务组织提供优质服务，龙头企业应该采取的措施包括：培训指导（88.7%）、制定标准（86.3%）、加强沟通（80.6%）、额外奖励（25.8%）和处罚（8.1%）。

（7）服务组织不愿与龙头企业合作的原因。服务组织不愿与龙头企业进行合作的原因中，"没有合适的龙头企业"占64.0%，"对服务收益不看好"占58.8%，"没有相关政策扶持"占52.6%，另外，"分散精力、受约束"占44.7%，"没经历过、不了解"占33.3%。可见，培育合适的龙头企业，提高服务组织对服务收益的预期，是引导服务组织参与合作的两个重要着力点。

5.1.3.2 计量经济模型和估计结果

（1）模型的建立。服务组织与龙头企业的协同响应意愿有"愿意协同响应"和"不愿意协同响应"两种，这是一个二元选择问题，被解释变量 y 是一个二分类变量。因此，构建影响服务组织协同响应意愿的影响因素模型，采用二元 Logistic 回归模型进行实证分析，并采用最大似然估计法对其回归参数进行估计。

服务组织是否愿意与龙头企业进行协同响应可能受到以下六个因素的影响。服务组织自身的基本特征（BC）；服务组织的服务意识（SA）；服务组织的服务能力（SC）；服务组织协同响应的动力（SP）；服务组织所处的外部环境（EE）；服务组织与龙头企业的合作机制（CM）。因此，计量模型的函数表达式如下：

$$Y_i = f(BC_i, SA_i, SC_i, SP_i, EE_i, CM_i) + \varepsilon_i \tag{5-1}$$

其中，Y_i 表示第 i 个农业社会化服务组织未来选择与龙头企业进行协同响应的意愿情况；ε_i 表示随机干扰项。

因此，可以建立二元 Logistic 回归模型：

$$Logit(p_i) = \beta_0 + \beta_1 x_{i1} + \cdots + \beta_k x_{ik} \tag{5-2}$$

其中，$p_i = P(y_i = 1 \mid x_{i1}, x_{i2}, \cdots, x_{ik})$ 表示在给定自变量 x 的条件下，得到 $y_i = 1$ 的条件概率。在同样条件下得到结果 $y_i = 0$ 的条件概率为 $1 - p_i$，则可以得到一个观测值的概率为：

$$p(Y = y_i) = p_i^{y_i}(1 - p_i)^{1-y_i} \tag{5-3}$$

其中，$y_i = 1$ 或 0，其联合分布可以表示为各个边际分布的乘积：

$$L(\theta) = \prod_{i=1}^{n} p_i^{y_i} (1 - p_i)^{1-y_i} \qquad (5-4)$$

对似然函数求对数可得：

$$\ln L(\theta) = \sum_{i=1}^{n} \left[y_i(\beta_0 + \beta_1 x_{i1} + \cdots + \beta_k x_{ik}) - \ln(1 + e^{\beta_0 + \beta_1 x_{i1} + \cdots + \beta_k x_{ik}}) \right]$$

$$(5-5)$$

然后对模型进行似然估计。

（2）变量的定义及说明。被解释变量 y 的定义及说明。模型中被解释变量为服务组织参与协同响应的意愿。为了更加真实可靠地反映出服务组织的协同响应意愿，本书通过服务组织与龙头企业合作意愿、提高农业社会化服务水平意愿、加强合作的意愿、自身转型意愿等方面的表现，利用定量的方法对其与龙头企业的协同响应意愿进行评价，具体评价指标和赋值如表 5-6 所示，并通过两步聚类分析方法把协同响应意愿分为两类。其中，将协同响应意愿较高的，赋值为 1；将协同响应意愿较低的，赋值为 0。

表 5-6　　　　　　　　服务组织协同响应意愿的评价指标及赋值

变量	评价指标	指标赋值	均值
协同响应意愿	未来是否愿意与龙头企业合作意愿	1 = 愿意合作；0 = 不愿意合作	0.89
	是否打算进一步提高农业社会化服务水平	1 = 是；0 = 否	0.97
	是否打算进一步加强与集成商和规模农户合作	1 = 是；0 = 否	0.91
	是否打算转型为集成商	1 = 是；0 = 否	0.59

解释变量 x 的量化与赋值。解释变量根据之前的八个假设来选择，经归并后，将影响服务组织协同响应意愿的因素分为六类，即：服务组织特征、服务组织服务能力、服务组织服务意识、协同响应动力、协同机制（包括利益分配和互动关系）、外部环境，对变量的定义及赋值情况如表 5-7 所示。

表 5 - 7 　　　　　　　　　　**变量定义及其赋值**

项目	变量类别	变量定义及赋值	均值
服务组织特征	2017 年营业收入情况（x_1）	1 = 500 万元以下；2 = 500 万~1000 万元；3 = 1000 万~5000 万元；4 = 5000 万元以上	1.44
	组织负责人文化程度（x_2）	1 = 初中及以下；2 = 高中；3 = 大专及本科；4 = 研究生	2.41
服务组织服务能力	为规模农户提供服务的年限（x_3）	1 = 1~2 年；2 = 3~4 年；3 = 5~6 年；4 = 7 年以上	2.89
	为规模农户提供服务的能力（x_4）	1 = 服务能力弱；3 = 服务能力一般；5 = 服务能力较强	3.05
	向本地以外的规模农户提供服务的频次（x_5）	1 = 没有；2 = 不多；3 = 一般；4 = 较多；5 = 很多	2.49
服务组织服务意识	提升服务水平方式（x_6）	1 = 加强与规模农户的沟通；2 = 把单项服务做专做优；3 = 积极参与龙头企业发起的服务资源整合；4 = 加强与集成商的信息共享和协同	2.57
	与规模农户之间的关系类型（x_7）	1 = 不考虑以后怎样，只做一次交易；3 = 纯粹的服务供需关系；5 = 以服务为纽带，多方位交流、合作关系	4.77
协同响应动力	服务组织自身驱动力（x_8）	1 = 降低搜寻成本；2 = 提高服务收益；3 = 获取服务规模效应；4 = 获取服务品牌效应；5 = 更好地响应规模农户需求；6 = 改变"单打独斗"、各自为政的局面，提高服务供给质量和效率	2.19
	龙头企业的吸引力（x_9）	1 = 未作考虑；2 = 距离较近；3 = 龙头企业经营实力；4 = 龙头企业声誉；5 = 龙头企业的整合集成能力；6 = 能合理分配收益	3.01
协同机制	利益分配的方式（x_{10}）	1 = 龙头企业自主决定；3 = 严格按照合同办事；5 = 建立合理分享的利益分配机制	3.9
	互动依赖关系（x_{11}）	1 = 多方位交流互动；2 = 信息等资源共享；3 = 行为一致性；4 = 共同解决问题；5 = 共赢共享	2.24
	引导措施（x_{12}）	1 = 处罚；2 = 加强沟通；3 = 制定标准；4 = 培训指导；5 = 额外奖励	2.42

续表

项目	变量类别	变量定义及赋值	均值
外部环境	政府的作用（x_{13}）	1 = 加强监督、管理；2 = 加强构建农业社会化服务体系的宣传引导；3 = 推动农民合作社建设；4 = 加强土地流转，促进规模经营；5 = 补贴农户；6 = 扶持服务企业	1.64
	对市场（规模农户）需求量大小的满意度（x_{14}）	1 = 很不满意；2 = 不太满意；3 = 一般；4 = 较为满意；5 = 非常满意	4.21
	本地同行企业数量（x_{15}）	1 = 没有；2 = 不多；3 = 一般；4 = 较多；5 = 很多	2.84

注：x_4 是通过服务项目数进行衡量，服务组织同时提供 2 项及以下为服务能力弱，同时提供 3 项服务为服务能力一般，同时提供 3 项以上服务为服务能力较强；x_8、x_9、x_{11} 为多选，以选择某选项的服务组织数占选择所有选项的服务组织总数的比例为权数；x_6、x_{12}、x_{13} 为排序题，处理方法按"第一位 × 0.5 + 第二位 × 0.3 + 第三位 × 0.2"计算出各自的得分。

（3）计量结果与分析。用实地调研数据对模型进行估计，得到的回归结果如表 5 - 8 所示。

表 5 - 8　　　　　　　　　　回归分析结果

变量	回归系数	稳健标准误	Z 值	Sig. 值
服务组织特征				
2017 年营业收入情况（x_1）	0.207 ***	0.044	4.73	0.000
组织负责人文化程度（x_2）	0.239 **	0.105	2.27	0.023
服务组织服务能力				
为规模农户提供服务的年限（x_3）	0.027	0.136	0.20	0.840
为规模农户提供服务的能力（x_4）	0.466 ***	0.127	3.65	0.000
向本地以外规模农户提供服务的频次（x_5）	0.314 ***	0.066	4.76	0.000
服务组织服务意识				
提升服务水平的方式（x_6）	0.330	0.459	0.72	0.473
与规模农户之间的关系类型（x_7）	0.354 ***	0.041	8.55	0.000
协同响应动力				
服务组织自身驱动力（x_8）	0.027	0.048	0.56	0.577
龙头企业的吸引力（x_9）	0.475 ***	0.147	3.23	0.001

续表

变量	回归系数	稳健标准误	Z 值	Sig. 值
协同机制				
利益分配的方式（x_{10}）	0.396 ***	0.086	4.58	0.000
互动依赖关系（x_{11}）	0.265	0.384	0.69	0.490
引导措施（x_{12}）	0.146	0.894	0.16	0.871
外部环境				
政府的作用（x_{13}）	− 0.277 ***	0.048	− 5.72	0.000
对市场需求量大小的满意度（x_{14}）	− 0.007	0.233	− 0.03	0.976
同行企业在本地的数量（x_{15}）	− 0.462 ***	0.101	− 4.59	0.000

注：*、**、*** 分别代表在10%、5%和1%的水平上显著。为保证回归结果的可靠性和有效性，对模型的所有自变量进行多重共线性诊断，通过分析结果显示方差膨胀因子 VIF 值均在 1.143～1.995（小于5），因此，解释变量之间不存在多重共线性。回归结果显示，模型系数的综合检验卡方值为24.831，Sig. 值为0.016（小于0.05），说明模型显著性成立。模型拟合优度检验得到 P 值为0.859（大于0.05），表明模型对数据的拟合较好，接受真实值与模型预测值之间不存在显著差异的假设。

实证分析结果显示，外部环境、服务组织特征、服务能力、服务意识、协同响应动力和协同机制等总体上均会对服务组织与龙头企业的协同响应意愿产生显著影响。

第一，服务组织特征。首先，服务组织的收入情况对其协同响应意愿具有显著的正向影响，收入越高则协同响应的意愿越强。相对于收入较低的小规模服务组织而言，收入较高的服务组织更注重拓展市场、企业转型升级以及自身长远发展，为此更愿意与龙头企业进行协同响应、共生发展。实地调研中，服务组织反映的结果也是如此。其次，服务组织负责人的学历越高，其协同响应的意愿越强。学历越高的人，越注重服务组织绩效的提升和长期发展，越容易接受基于资源整合集成的服务供应链这一新的商业模式，因而更能调动其参与协同响应的积极性。

第二，服务组织服务能力。服务组织为规模农户提供服务的能力与向本地以外规模农户提供服务的频次对服务组织的协同响应意愿有显著的正向影响，均在 1% 水平上显著。这说明，服务组织希望让自身拥有的资源或能力得到充分利用，因而愿意加入龙头企业牵头的资源整合和协同响应活动中。服务组织为规模农户提供服务的年限对其协同响应意愿没有显著的影响，这一定程度上表明，服务组织为农服务时间越久，对传统服务模式产生路径依赖，或对独自获得稳定收益有较大的信心，其由"单打独斗"向协同响应转变还需要一个过程。

第三，服务组织服务意识。服务组织的服务意识对其协同响应意愿具有显著的促进作用，其中，服务组织与规模农户的关系类型在 1% 的水平上显著。服务组织提升服务水平的方式，其影响在统计学上不显著，但方向与预期一致。从结果可以看出，服务组织基于与规模农户建立以服务为纽带的多方位合作关系考虑，奉行以顾客为中心的服务理念，其愿意参与供应链的协同运作，更好地响应规模农户需求。因此，从总体上看，服务意识越强的服务组织，其协同响应意愿也越强。

第四，协同响应动力。服务组织协同响应的驱动力来自两个方面：一方面，受自身因素的内在驱动；另一方面，受龙头企业吸引力的诱致性驱动。实证结果方向与预期一致，说明服务组织的自身驱动力和龙头企业吸引力对服务组织协同响应的意愿起着促进作用。其中，龙头企业的吸引力在 1% 水平上显著，说明包括龙头企业实力、声誉、整合集成能力、收益分配等在内的龙头企业吸引力是影响服务组织参与协同的关键因素。在实践中，这些因素是最直接，也是最具诱致性的合作、协同驱动因素。而调研不愿意参与协同响应的原因中，有高达 64% 的服务组织表示是因为没有合适的龙头企业。这也间接表明龙头企业影响力与吸引力在服务组织参与协同上的重要性。服务组织的协同响应意愿受自身因素驱动不显著。从调查数据来看，服务组织更容易为当前利益所驱使（合作原因中选择"提高服务收益"的占比为 71.8%），而关注长远发展的相对较少，例如，实地调查中选择"改变'单打独斗'和各自为政局面，提高服务供给质量和效率"的占比不足一半（48.4%），而该选项更能彰显服务组织的眼界和格局。这从一个侧面反映出需要加强对服务组织的宣传引导，促进其打开视野，培养大格局，树立长远发展的理念，进而提高其协同响应意识。

第五，协同机制。从分析结果来看，服务组织与龙头企业之间的利益分配方式对其协同响应的意愿具有显著的正向影响（在 1% 水平上显著）。合理的利益分配是结果公平的体现，也是各行为主体趋于协同的根本动因。这一点也得到实地调研的支持。在与龙头企业之间进行利益分配方面，主张建立利益合理分享机制的服务组织占 62.1%。可见，利益分配方式越合理，服务组织的协同响应意愿越强。虽然与龙头企业互动依赖关系和采取的引导服务组织提供优质服务的措施对服务组织协同响应意愿的影响方向与预期一致，但不显著。现实中，有不少龙头企业与服务组织的合作才刚刚开始（占比47.2%），互动程度较低，且对服务组织的引导也不充分，这一定程度上制约了上述变量正向作用的发挥。

第六，外部环境。政府的作用对服务组织的协同响应意愿有显著的负向影响。这可能是因为现实中政府发挥的作用还主要停留在监督管理和宣传引导层面上（"政府的作用"的均值为1.64），而在激励服务组织发展方面的作用发挥还远远不够（"补贴农户"占比仅31.4%，"扶持服务组织发展"占比仅40.7%）。在监督管理占主导的情况下，服务组织很可能因激励不足而维持现状，缺乏协同响应的动力。因此，政府在农业社会化服务体系建设中不能局限于发挥监督管理和宣传引导方面的作用，还应该在促进规模经营、补贴农户和扶持服务企业等方面强化激励，真正将政策效用做实做足。同行企业在本地的数量对服务组织的协同响应意愿具有显著的影响，但与预期相反。可能的解释是：一方面，新型农业社会化服务市场还处于初步兴起阶段，本地区的服务需求市场容量较小，此时进入本行业的服务组织数量较少，现有的服务组织为了获得业务量的拓展，需要与龙头企业进行协同响应。这也是为什么同行竞争者越少，服务组织协同响应的意愿反而较高的原因。实证结果也显示，服务组织对当地市场需求量的大小越不满意，协同响应的意愿越高。另一方面，服务组织虽然主观上愿意与龙头企业进行协同，但客观事实是，当参与协同的同行竞争者数量增多以后，服务组织会担心得不到应有的业务量。同时，鉴于龙头企业建立的运行规则可能不透明、不完善。例如，当存在众多的同类服务功能商时，龙头企业会把服务需求订单优先派给私交关系好的服务组织，服务组织担心受到不公平的待遇，因此，不愿意和龙头企业进行协同。这也是当同类型竞争者数量较多时服务组织协同响应的意愿反而低的原因之一。

5.1.4 结论与建议

5.1.4.1 研究结论

本书以中国东、中、西部9个省（区、市）140个农业社会化服务组织为样本，实证检验了服务供应链环境下农业社会化服务组织协同响应意愿的影响因素，得出以下结论：（1）服务组织特质越好，其协同响应意愿越高。服务组织收入、负责人文化程度、服务能力和对外服务频次等指标反映了服务组织的基本特质，这些特质在一定程度上表征着服务组织的实力、眼界与格局以及市场开拓意识，这些特质越好，其越注重长远发展、联合合作与共生协同，因而也越愿意参与服务供应链的构建与协同响应。（2）与规模农户的关系越紧密，服务组织的协同响应意愿越高。服务组织基于与规模农户建立的以服务为纽带的紧密合作关系，树立起良好的顾客导向的服务意识和服务理念，其愿意参与供应链的协同运作，更好地响应规模农户需求。（3）龙头企业的吸引力越大，服务组织的协同响应意愿越高。龙头企业的实力、声誉、整合集成能力、收益分配等层面的指标，从渠道权力视角，反映出龙头企业在供应链资源整合集成中的专家力、奖赏力和声誉力，这些"非强制性渠道权力"对服务组织的协同响应意愿具有最直接的诱致性驱动力。（4）利益分配越合理，服务组织的协同响应意愿越高。利益共享是共生协同的根本动力。合理的利益分配也是结果公平的体现。利益分配越合理，服务组织参与协同响应的意愿越高，服务供应链越能保持持续稳定。

5.1.4.2　政策建议

（1）政府及其相关部门在农业社会化服务体系建设中不仅要发挥监督管理和宣传引导作用，还应在促进规模经营、补贴规模农户和扶持服务主体（服务组织和龙头企业）等方面强化政策激励，着力推进服务主体高质量发展。（2）加快培育以顾客需求为导向的专业化、市场化农业服务组织。加强农业社会化服务资源整合集成的宣传引导，提高服务组织对协同响应服务收益的预期，提高服务组织对提升服务水平的认识，拓展服务组织视野和格局，促进服务组织从"单打独斗"型向共生协同型转变。（3）大力培育具有较强整合集成能力的涉农龙头企业，不断增强龙头企业影响力和吸引力。龙头企业应着力加强对服务组织的引导，增进与服务组织的互动，同时，着力提高服务供应链运行规则的透明性、公平性，建立和完善奖优罚劣、优胜劣汰的运行机制，构建互补、互动、协同、共生、共享的农业社会化服务供应链生态体系。

5.2　服务供应链环境下龙头企业协同响应意愿的实证分析

服务供应链的构建与运行不仅取决于服务组织的积极响应，作为集成商的龙头企业的协同响应更为关键，其协同响应意愿也成为亟待探讨的问题。

5.2.1　理论分析与研究假设

龙头企业为什么要参与协同响应，或者，农业社会化服务供应链构建为什么由龙头企业主导发起？首先，由于龙头企业原本担负着为农服务的重要职能，且在为农服务方面优势明显。龙头企业拥有的资源整合、要素集成等能力，在很大程度上决定农业供应链的协调性和农业价值链的高度，相对于家庭农场和合作社，龙头企业更可能成为区域性农业服务综合集成商。其次，龙头企业主导构建服务供应链，也有龙头企业自身拓展发展空间、获取动态能力、做强做优的内部动因。供应链上资源共享和整合已成为企业提升竞争力的重要途径。供应链整合的目的是以最快的速度和最低的成本响应客户的价值需求。供应链整合是供应链网络的形成方式。通过网络可以获取一些企业所没有的资源，并把这些资源转化为企业独特的优势与能力，从而提高效率和绩效。再其次，合作社等服务组织对联合供给的积极响应也是重要诱因。最后，龙头企业之所以主导发起或参与协同响应，是因为外部环境起着重要的诱致作用，而内在动机则起着决定作用。

接下来，如何确保龙头企业参与协同响应的持续性和稳定性？这就需要构建促进龙头企业成长及协同双方互惠共生的协同响应机制。农业社会化服务供给的供应链取向，其驱动机制包括连接、聚合、协调、互动和共享。供应链协同是协同主体在互补性、组织性、互动性以及激励性等因素驱动下的行为调整。供应链企业间的信息共享利于适时把握客户需求和市场变化，有效降低不确定性，促进供应链响应能力的提升。供应链响应能力的提高，还需要为顾客提供柔性、快速的定制化服务，需要构建信任机制、沟通协调机制与评估激励机制。此外，网络组织形成协同效应，必须依赖信任、声誉、激励约束、利益分配等网络治理机制。上述机制对于龙头企业协同响应的持续性和稳定性颇有启迪。事实上，持续稳定的协同响应主要取决于两个层面：一是反映结果的利益分配。利益分配越合理，越能增强双方的协同意愿，并进一步密切双方的关系，提升服务协同供给水平。二是反映过程的互动关系。龙头企业与服务功能商之间的交流互动、资源共享、培训指导和共同解决问题等反映互动关系的活动越频繁，则协同响应程度越高。

协同响应的过程，也可视为各主体共生合作的过程。本书在上述理论分析的基础上，借鉴彭建仿等考察供应链环境下龙头企业共生合作生产安全农产品的行为选择中的做法，将龙头企业协同响应意愿的影响因素归纳为两类七个方面（见表5-9）。一类是协同动机因素，包括外部环境与内在动机；另一类是协同机制因素，主要包括利益分配和互动关系。据此，提出以下假设。

表5-9　　　　　　　　　龙头企业协同响应意愿的影响因素

项目	影响因素		具体表现	影响
协同动机	外部环境	外部环境	市场需求、行业竞争、政策引导	促进
	内在动机	企业特征	企业等级、收入水平、负责人文化程度	促进
		服务意识	提供服务的方式、与规模农户合作关系类型	促进
		服务能力	服务项目数、区域外服务情况	促进
		协同动力	企业自身驱动力、服务功能商吸引力	促进
协同机制	利益分配	利益分配	利益分配方式	促进
	互动关系	互动依赖关系	与功能商之间合作的必需行为、引导措施、服务标准	促进

（1）外部环境。外部环境是指刺激、引致龙头企业参与协同响应的外在影响因素。例如市场需求、行业竞争、政策引导等。服务供应链是企业适应环境和客户价值变化的产物。外部环境是龙头企业行为转变的重要诱致力量。

假设1：市场需求、行业竞争、政策引导等因素对龙头企业协同响应意愿有正向促进作用。

（2）企业特征。企业特征是指龙头企业的等级、收入水平、负责人文化程度等特征。有学者认为，影响企业服务交互的重要因素有交互过程、服务组织自身特征、关系状况与环境特点。一般而言，龙头企业的等级、收入水平和其负责人文化程度越高，其整合服务资源、拓展发展空间、提高服务质量的意愿越高，其协同响应的意愿也越高。

假设 2：龙头企业的等级、收入水平和其负责人文化程度越高，越倾向于参与协同响应。

（3）服务意识。服务意识是指龙头企业对提供服务的方式、与规模农户合作关系类型的认知。龙头企业的认知水平越高，越愿意为响应规模农户需求而进行协同响应。

假设 3：服务组织的服务意识越强，越愿意协同响应规模农户需求。

（4）服务能力。服务能力是指龙头企业能提供的服务项目数以及为区域外农户提供服务的能力。赖俊明指出，拥有健全的平台体系、广泛网络链接的服务企业更适宜开展整合式服务创新。侯雅莉和周德群认为，信息化程度、成员的合作能力、物流能力和供应链质量保障是影响供应链运作效率的四大因素。张大鹏和孙新波通过实证研究发现，核心企业领导力正向影响供应链合作网络中企业间协同创新绩效。服务能力越强，越具备资源整合的实力，越容易达到协同响应的要求。

假设 4：龙头企业的服务能力越强，越愿意参与协同响应。

（5）协同动力。资源互补程度越高，企业越容易从合作中获取更多的异质性资源，有利于实现协同效应。龙头企业拓展发展空间的内部驱动，以及服务资源互补、增强服务能力型服务功能商的外部吸引，构成了龙头企业参与协同响应的重要合力。

假设 5：龙头企业的协同动力越强，越愿意参与协同响应。

（6）利益分配。收益分享契约下含有激励机制的服务供应链能够实现协调。获取合理的服务收益，是龙头企业向服务集成商转型的直接动力。

假设 6：利益分配越合理，龙头企业越愿意参与协同响应。

（7）互动依赖关系。宋华等提出，服务供应链参与方之间应加强互动并通过服务实现价值。谢磊和马士华研究发现，合作伙伴关系与信息共享对供应物流协同有显著正向影响。陆杉指出，供应链关系资本对供应链协同有显著的促进作用。苏秦（Su Qin）等认为，供应链关系质量对于供应商、客户供应链的集成有一定推动作用。服务供应链中，龙头企业与服务功能商之间的交流互动、资源共享、共同解决问题等互动行为，以及龙头企业采取的制定标准、培训指导等引导措施，利于增进相互了解和信任，发展良好的互动依赖型伙伴关系，对于协同响应的持续性与稳定性至关重要。

假设 7：互动依赖关系越强，龙头企业越愿意参与协同响应。

5.2.2　数据来源

本书数据来源于 2017 年 12 月至 2019 年 5 月课题组成员和 40 多位研究生、本科生的实地调研。调研范围为东部（江苏、山东、河北）、中部（吉林、安徽、湖南、山西、黑龙江）和西部（四川、重庆）等地，被调研对象为种植业（粮油茶、蔬菜、水果）、养殖业（畜禽、水产）和农业社会化服务企业，调研内容涉及企业基本特征、企业协同响应意愿的驱动因素等方面。

开展正式调研以前，课题组将调研问卷提交相关专家审议，修改完善后，再进行小范围的预调研，最终形成问卷终稿。为确保调研质量，课题负责人首先对参与调研的研究生进行了培训；其次对其调研过程中遇到的问题给予及时的指导支持；最后对部分调研问卷进行回访。本次调研共收回问卷 365 份，有效问卷 316 份，有效率为 86.6%，被调查龙头企业地区分布情况如表 5 - 10 所示。

表 5 - 10　　　　　　　　　被调查龙头企业地区分布情况

地区	龙头企业（个）	比例（%）	地区	龙头企业（个）	比例（%）
东部地区	122	38.6	湖南	36	11.4
江苏	50	15.8	山西	20	6.3
山东	38	12.0	黑龙江	14	4.4
河北	34	10.8	西部地区	70	22.2
中部地区	124	39.2	四川	33	10.5
吉林	22	7.0	重庆	37	11.7
安徽	32	10.1	合计	316	100.0

此外，被调研龙头企业的经营领域和负责人文化程度情况，如表 5 - 11 所示。

表 5-11   被调查龙头企业基本情况（N=316）

经营领域	龙头企业（个）	比例（%）	文化程度	企业负责人（个）	比例（%）
粮油茶	106	33.6	初中及以下	21	6.5
蔬菜	44	13.8	高中	80	25.2
水果	49	15.5	大专及本科	203	64.5
养殖（畜禽、水产）	92	29.3	研究生及以上	12	3.7
农业社会化服务	25	7.8			

5.2.3 描述性分析

5.2.3.1 龙头企业为规模农户服务能力

龙头企业为规模农户提供服务的能力，主要通过其为规模农户提供服务的项目数量来反映，分为服务能力弱（服务项目数 <3 项）、服务能力一般（服务项目数等于 3 项）和服务能力较强（服务项目数 >3 项）。调研的服务项目包括农资供应、农机服务、农技服务、田间管理、包装仓储加工、收购销售、信息服务、金融保险、种苗提供、生产计划安排和基础设施建设等。龙头企业提供服务情况如表 5-12 所示。

表 5-12   龙头企业提供农业社会化服务项目

项目	购销	农技	包装等	信息	农资	田间管理	种苗	设施	计划安排	农机	金融保险
企业（个）	213	196	144	103	70	70	52	30	27	24	8
占比（%）	67.4	61.9	45.5	32.6	22.3	22.3	16.5	9.4	8.7	7.7	2.6

调研结果显示，龙头企业为规模农户提供的服务主要为购销、农技、包装仓储加工、信息等服务。从龙头企业服务能力来看，75.0% 的龙头企业服务能力一般，13.2% 的龙头企业服务能力较强，11.8% 的龙头企业服务能力较弱。

5.2.3.2 龙头企业为规模农户提供服务的方式

调研显示，47.2% 的龙头企业仍仅以自身拥有的服务资源向规模农户提供服务，46.2% 的龙头企业牵头整合其他服务组织的资源，通过组织协调、任务调度和统一安排为规模农户服务（见表 5-13）。可见，通过整合资源为规模农户提供服务，还有很大的空间，亟须企业转变观念，从服务资源自有型向服务资源整合集成型转型。

表5-13 龙头企业为规模农户提供服务的方式

服务方式	独自服务	联合服务	整合资源集成服务
企业（个）	149	21	146
占比（%）	47.2	6.6	46.2

5.2.3.3 龙头企业对为规模农户服务现状的满意度

总体上来看（见表5-14），70.1%的龙头企业对自身为规模农户服务现状表示满意。具体到各个项目上，七成以上的龙头企业对与农户关系、服务持续性、服务专业性、服务及时性和利于提升企业品牌声誉等表示满意；在服务项目的全面性、服务经济效益、服务规模农户的数量及规模农户需求量等方面，龙头企业表示满意的不足七成；服务的全面性方面，表示满意的龙头企业最少，不足六成。以上表明，龙头企业与规模农户之间已具备一定的关系基础和服务合作基础，但目前能够提供给规模农户服务项目的种类、服务的经济效益和服务需求的规模性还未达到很多龙头企业的预期。所有这些，为龙头企业服务转型和协同响应规模农户需求提供了可能，也提出了一定的挑战，即，既能有效利用已形成的关系基础和合作基础进行服务资源整合，又能有效提升服务需求规模和服务效益，由此带来的机遇与挑战。

表5-14 龙头企业对为规模农户服务现状的满意度

满意度	总体评价	评价项目								
		与农户关系	服务持续性	服务专业性	服务及时性	品牌声誉提升	服务农户数量	农户需求量	服务经济效益	服务全面性
满意	70.1	85.8	76.4	74.5	73.5	72.6	68.7	67.8	65.2	56.7
一般	23.4	11.4	18.0	21.8	23.7	23.7	26.6	27.5	28.2	36.1
不满意	6.5	2.8	5.6	3.7	2.8	3.7	4.7	4.7	6.6	7.2

5.2.3.4 龙头企业向服务集成商转型的意愿

调研结果显示，高达80.4%的龙头企业愿意与服务功能商开展合作，仅

0.9%的龙头企业表示不愿意，18.7%的龙头企业表示还没有想过合作的问题。进一步分析发现，高达87.9%的龙头企业表示在未来有可能牵头整合服务资源，加强与服务功能商之间的合作（合作是整合集成的基础和应有之义）。目前已有56.2%的龙头企业明确表示正在规划或已明确转型为服务集成商的目标，有33.6%的龙头企业表示以后可能会转型，8.4%的龙头企业表示暂时不会考虑转型，仅1.9%的龙头企业明确表示不会考虑转型。可以预见，随着各服务功能商之间合作的深入，将有越来越多的龙头企业向服务集成商转型。

5.2.3.5 影响龙头企业转型为服务集成商的因素

由表5-15可知，六成左右的龙头企业转型为服务集成商首先是受经济效益、自身资源整合能力、社会效益（企业形象、市场地位和政府扶持等）等因素的驱使；其次也受企业管理者战略眼光的影响；最后是规模农户服务需求量的大小、服务功能商数量的多少和信息平台支撑等也有一定的影响（表示认同的企业占比均在30%以上）。可见，龙头企业向服务集成商转型，经济效益是第一驱动力，第二是要具备较强的实力，尤其是资源整合能力做保障。

表 5-15　　　　　　　　影响龙头企业转型为服务集成商的因素

因素	经济效益	资源整合能力	社会效益	管理者战略眼光	需求量大小	功能商数量	信息平台支撑
企业（个）	198	195	186	160	130	118	103
占比（%）	62.6	61.7	58.9	50.5	41.1	37.4	32.7

5.2.3.6 龙头企业愿意与服务功能商展开合作的原因

调研结果显示（见表5-16），龙头企业愿意与服务功能商展开合作，首要原因是其与服务功能商之间可以实现资源互补，其次是可以改变"单打独斗"和各自为政的局面，提高服务供给质量和效率，以及可以提高龙头企业的服务收益和服务能力；近一半的龙头企业是基于响应农户需求的考虑；对政府号召等因素考虑得相对较少。可见，龙头企业在与服务功能商展开合作时，更多的是从服务供应链内部考虑，对政府等外部环境的考虑较少。

表 5 – 16   龙头企业愿意与服务功能商展开合作的原因

原因	资源互补	提高服务供给质量和效率	提高服务收益	提高服务能力	响应农户需求	政府号召
企业（个）	229	186	180	180	156	108
占比（%）	72.4	59.0	57.1	57.1	49.5	34.3

5.2.3.7 龙头企业与服务功能商合作的必需行为

如表 5 – 17 所示，为保障龙头企业与服务功能商合作的顺利进行，首先，共赢共享是必需的这是多元主体开展合作的出发点和根本动因；其次，多方位交流互动、信息等资源共享以及共同解决合作过程中遇到的问题，也是龙头企业所看重的行为；最后，合作过程中应在行为上保持一致性，这是合作最基本的要求，也因其"基础性"而在重要性上被龙头企业有所忽视。

表 5 – 17   龙头企业与服务功能商合作的必需行为

必需行为	共赢共享	多方位交流	资源共享	共同解决问题	行为一致性
企业（个）	241	233	224	206	173
占比（%）	76.4	73.6	70.8	65.1	54.7

此外，要实现龙头企业与服务功能商协同响应规模农户服务需求，龙头企业作为牵头发起方，应该建立相应的机制和保障措施：在利益分配方面，高达72.9%的龙头企业认为应该与服务功能商之间建立合理分享的利益分配机制，22.4%的龙头企业表示应该严格按照合同办事，仅4.7%的龙头企业表示由龙头企业自主决定。在服务标准构建方面，40.2%的龙头企业表示建立有较为详细和严格正式的标准体系对服务功能商的服务水平和服务质量进行管理，41.1%的龙头企业建立有一般化的标准，18.7%的龙头企业对服务功能商的服务没有建立标准。在引导服务功能商提供优质服务方面，86.9%的龙头企业认为应该通过制定标准来引导，69.2%的龙头企业认为应进行现场指导，65.4%的龙头企业表示应该进行教育培训，19.6%的龙头企业认为应对服务功能商进行额外奖励，"处罚"没有被龙头企业作为引导措施的优选项，表明龙头企业也意识到合作应以"建章、示范、培训"等正面引导为主。

5.2.3.8 期望政府发挥的作用

龙头企业转型为服务集成商或与服务功能商展开合作，离不开政府作用的发挥。在龙头企业期望政府发挥的作用中，排在前三位的依次是：扶持龙头企业（62.6%）；加强构建农业社会化服务体系的宣传引导（62.4%）；加强土地流转，促进规模经营（51.4%）。

5.2.3.9 龙头企业不愿转型的原因

调研结果显示（见表 5 – 18），龙头企业不愿意服务转型的原因，排在前三位的依次是：没有政策支持；没有资金、技术和人才等保障；与服务功能商展开合作存在管理协调上的困难。上述结果也在代表企业访谈中得到证实。在座谈中，企业一致反映，涉农企业要么有财政补贴，要么自身有足够的实力，才愿意服务转型。可见，龙头企业服务转型将是一个长期渐进的过程。

表 5 – 18　　　　　　　　　　**龙头企业不愿转型的原因**

原因	没有政策支持	没有资金技术人才	不好管理	分散精力	不看好	没做过
企业（个）	34	34	32	27	16	16
占比（%）	51.5	51.5	48.5	40.9	24.2	24.2

5.2.4 计量经济模型和估计结果

5.2.4.1 计量模型的设定

据前面分析可知，龙头企业协同响应意愿可能会受到以下七个方面因素的影响：龙头企业的基本特征（TZ）；龙头企业服务意识（YS）；龙头企业服务能力（NL）；龙头企业的协同动力（DL）；利益分配方式（LY）；互动依赖关系（GX）；外部环境（HJ）。模型可用函数形式表示为：

$$Y_i = f(TZ_i + YS_i + NL_i + DL_i + LY_i + GX_i + HJ_i) + \varepsilon_i \qquad (5-6)$$

其中，Y_i 表示第 i 个龙头企业协同响应的意愿；ε_i 为随机干扰项。模型中各个变量的定义、衡量指标及数据如后面所示。

5.2.4.2　计量方法的选择

本书的目的是分析龙头企业协同响应的意愿，其结果有"愿意协同响应"和"不愿意协同响应"两种结果，属于二元选择问题。因此，采用二元 Logistic 回归模型进行分析，并采用最大似然估计法对其参数进行估计。把"愿意协同响应"定义为 $y = 1$，"不愿意协同响应"定义为 $y = 0$。设 $x_1, x_2, \cdots, x_k$ 是对 y 产生影响的 k 个自变量，一共有 n 组观测数据，因此，可以建立二元 Logistic 回归模型：

$$\text{Logit}(p_i) = \beta_0 + \beta_1 x_{i1} + \cdots + \beta_k x_{ik} \tag{5-7}$$

其中，$p_i = P(y_i = 1 \mid x_{i1}, x_{i2}, \cdots, x_{ik})$ 表示在给定自变量 x 的条件下，得到 $y_i = 1$ 的条件概率。在同样条件下得到结果 $y_i = 0$ 的条件概率为 $1 - p_i$，则可以得到一个观测值的概率为：

$$p(Y = y_i) = p_i^{y_i}(1 - p_i)^{1-y_i} \tag{5-8}$$

这里 $y_i = 1$ 或 0，其联合分布可以表示为各个边际分布的乘积：

$$L(\theta) = \prod_{i=1}^{n} p_i^{y_i}(1 - p)^{1-y_i} \tag{5-9}$$

对似然函数求对数可得：

$$\ln L(\theta) = \sum_{i=1}^{n} \left[y_i(\beta_0 + \beta_1 x_{i1} + \cdots + \beta_k x_{ik}) - \ln(1 + e^{\beta_0 + \beta_1 x_{i1} + \cdots + \beta_k x_{ik}}) \right]$$

$$\tag{5-10}$$

然后对模型进行似然估计，得到参数估计量。

5.2.4.3　模型变量的定义及说明

（1）因变量的选取与赋值。被解释变量为龙头企业协同响应的意愿，即"愿意协同响应"和"不愿意协同响应"。为了更加真实可靠地反映龙头企业的协同响应意愿，本书通过龙头企业是否打算向服务集成商转型、是否愿意与服务功能商展开合作、未来是否可能牵头整合服务功能商服务资源、是否愿意进一步加强与服务功能商和规模农户合作，以及是否愿意进一步提高农业社会化服务水平等方面的表现来确定其真实的协同响应意愿。通过判别聚类法，把协同响应意愿较高的一组归为"愿意协同响应"，赋值为1；把协同响应意愿较低的一组归为"不愿意协同响应"，赋值为0（具体评价指标和赋值见表5－19）。

表5－19 龙头企业协同响应意愿的评价指标及赋值

变量	指标	指标赋值	均值
龙头企业协同响应意愿（Y）	是否打算向服务集成商转型	1＝完全不考虑；2＝暂时不考虑；3＝以后会考虑；4＝正在规划；5＝已明确转型目标	3.58
	是否愿意与服务功能商合作	1＝不愿意；3＝没想过；5＝愿意	4.59
	未来是否可能牵头整合服务资源加强与功能商合作	1＝有可能；0＝不会	0.88
	是否会进一步加强与功能商及规模农户的合作	1＝是；0＝否	0.93
	是否会进一步提高农业社会化服务水平	1＝是；0＝否	0.96

（2）自变量的量化与赋值。自变量根据之前的七个假设来选择，经归并后，将龙头企业协同响应意愿的影响因素分为六类，即企业基本特征、企业服务意识、企业服务能力、协同响应动力、协同响应机制（利益分配方式和互动关系）、外部环境，对变量的定义及赋值情况如表5－20所示。

表5－20 变量的指标及赋值

变量	具体衡量指标	变量定义及赋值	均值
X_1：企业基本特征	企业（龙头企业）等级（x_1）	1＝区县级；2＝市级；3＝省级；4＝国家级	2.33
	企业年收入（x_2）	1＝500万元及以下；2＝500万~1000万元；3＝1000万~5000万元；4＝5000万~1亿元；5＝1亿元及以上	3.28
	企业负责人文化程度（x_3）	1＝初中及以下；2＝高中；3＝大专及本科；4＝研究生及以上	2.66
X_2：企业服务意识	提供农业服务的方式（x_4）	1＝以自身拥有的服务资源向规模农户提供服务；3＝联合不同服务供应方共同向规模农户提供服务；5＝作为龙头企业牵头整合、协调和调配各方服务资源，为农户提供集成服务	2.98
	与规模农户之间的关系（x_5）	1＝不考虑以后怎样，只做一次交易；3＝纯粹的服务供需关系；5＝以服务为纽带，多元交流合作关系	4.84

续表

变量	具体衡量指标	变量定义及赋值	均值
X_3：企业服务能力	为规模农户服务的能力（x_6）	1 = 服务能力较弱；3 = 服务能力一般；5 = 服务能力较强	2.94
	向区域外规模农户提供服务数量（x_7）	1 = 没有；2 = 不多；3 = 一般；4 = 较多；5 = 很多	2.35
X_4：协同响应动力	企业自身驱动力（x_8）	1 = 可以提高经济效益；2 = 可以提高服务能力；3 = 更好响应农户需求；4 = 可以实现服务资源互补；5 = 可以改变"单打独斗"、各自为政的局面，实现服务质量和效率的提升	1.81
	服务功能商吸引力（x_9）	1 = 未作考虑；2 = 距离较近；3 = 从业年限；4 = 服务互补性；5 = 服务质量意识；6 = 诚信与口碑	3.49
X_5：协同响应机制	利益分配方式（x_{10}）	1 = 企业自主决定；3 = 严格按合同办事；5 = 建立合理分享的利益分配机制	4.37
	服务标准制定（x_{11}）	1 = 没有标准；2 = 有一般化标准；3 = 有较为详细的标准；4 = 有严格正式的标准	2.36
	引导措施（x_{12}）	1 = 处罚；2 = 制定标准；3 = 教育培训；4 = 现场指导；5 = 额外奖励	2.51
	合作与交流互动程度（x_{13}）	1 = 多方位交流互动；2 = 信息等资源共享；3 = 行为一致性；4 = 共同解决问题；5 = 共赢共享	2.05
X_6：外部环境	对规模农户需求量大小满意度（x_{14}）	1 = 很不满意；2 = 不满意；3 = 一般；4 = 较为满意；5 = 非常满意	3.82
	提供同类服务企业在本地的数量（x_{15}）	1 = 没有；2 = 不多；3 = 一般；4 = 较多；5 = 很多	2.63
	由于政府的号召（x_{16}）	1 = 是；0 = 否	0.34
	政府作用发挥（x_{17}）	1 = 加强监督管理；2 = 加强构建农业社会化服务体系的宣传引导；3 = 推动农民合作社的建设；4 = 加强土地流转和促进规模经营；5 = 补贴农户；6 = 扶持企业	3.22

注：x_6 是通过服务项目数进行衡量，服务组织同时提供 2 项及以下为服务能力弱，同时提供 3 项服务为服务能力一般，同时提供 3 项以上服务为服务能力较强；x_8、x_9、x_{13} 为多选，以选择某选项的龙头企业数占选择所有选项的龙头企业总数的比例为权数；x_{12}、x_{17} 为排序题，处理方法为"第一位 × 0.5 + 第二位 × 0.3 + 第三位 × 0.2"计算出各自的得分。

表 5 – 20 中给出了龙头企业协同响应意愿的影响因素及其具体的指标构成。为了测度影响因素和具体指标对协同响应意愿的影响，将分别从综合因素层和具体指标层两个层面来进行估计。因此，可得用于实证分析的两个层面的模型。

第一个层面：综合因素层估计模型——主要考察总体层面各影响因素的重要性：

$$Y_i = \beta_0 + \sum_{k=1}^{6} \beta_{ki} x_{ki} + \mu_i \qquad (i = 1,2,\cdots,316; k = 1,2,\cdots,6)$$

第二个层面：具体指标层估计模型——主要考察因素层面重要性的具体来源：

$$Y_i = \beta_0 + \sum_{k=1}^{17} \beta_{ki} x_{ki} + \mu_i \qquad (i = 1,2,\cdots,316; k = 1,2,\cdots,17)$$

（3）变量数据的计算。综合因素层估计模型中的变量数据，通常可以采用综合指数法和主成分分析法两种综合分析法得到，其中，综合指数法采用的是变异系数法作为权重进行数据处理。为了便于比较各因素的重要性，对分析数据进行了 0 – 1 标准化处理，然后用标准化数据进行二元 Logistic 回归分析。对于具体指标层估计模型，则直接使用各个具体指标的原始数据直接进行二元 Logistic 回归，最终得出各个变量的显著性和重要性。

5.2.4.4 计量分析结果

（1）综合因素层模型分析结果。利用标准化变量数据对龙头企业协同响应意愿的 Logistic 回归模型估计结果如表 5 – 21 所示。

表 5 – 21 龙头企业因素层模型（多因素）回归结果

解释变量	模型一：综合指数法		模型二：主成分法	
	回归系数	Z 统计量	回归系数	Z 统计量
X_1：企业基本特征	0.939 *	1.75	0.964 *	1.87
X_2：企业服务意识	3.118 ***	6.61	3.125 ***	6.59
X_3：企业服务能力	0.266	0.28	0.279	0.30
X_4：协同响应动力	4.860 ***	5.77	4.886 ***	5.76
X_5：协同响应机制	0.478	0.53	0.413	0.45
X_6：外部环境	0.205	0.27	0.045	0.06

续表

解释变量	模型一：综合指数法		模型二：主成分法	
	回归系数	Z 统计量	回归系数	Z 统计量
模型整体显著性检验				
LR 统计量	81.371		79.654	
Mc Fadden R-squared	0.342		0.316	

注：表中 * 、** 、*** 分别表示在10%、5%和1%水平上显著。其中，模型一是利用变异系数法计算得出综合数据，并对数据进行标准化处理以后使用 Logit 模型的估计结果；模型二是利用主成分综合分析法得出数据，并进行标准化以后的估计结果。

回归结果显示，最重要的两个因素为龙头企业的服务意识与协同响应动力，与预期一致。龙头企业基本特征对其协同响应意愿的影响为正，但在统计学上不够显著。龙头企业服务能力、协同响应机制、外部环境对其协同响应意愿的影响并不显著，不符合预期。为了排除共线性影响，分别对各因素进行了单独回归，分析结果如表 5 - 22 所示。

表 5 - 22　　　　龙头企业因素层（单因素）模型回归结果

解释变量	模型一：综合指数法		模型二：主成分法	
	回归系数	Z 统计量	回归系数	Z 统计量
X_1：企业基本特征	1.839 ***	3.31	1.892 ***	3.38
X_2：企业服务意识	2.909 ***	6.35	2.915 ***	6.36
X_3：企业服务能力	1.505 *	1.94	1.505 *	1.94
X_4：协同响应动力	4.590 ***	7.15	4.585 ***	7.16
X_5：协同响应机制	1.934 ***	3.03	1.789 ***	2.82
X_6：外部环境	0.527	0.95	0.396	0.72

注：表中 * 、** 、*** 分别表示在10%、5%和1%水平上显著。

通过表 5 - 21 和表 5 - 22 对比分析发现，模型中因素的回归系数大小以及在显著性上存在较大差异，这都说明了模型具有共线性。如若采用逐步回归分析法进行变量筛选，很容易犯弃真错误，为此，考察六个因素单独对被解释变量回归估计的结果。

回归结果显示，各个因素对龙头企业协同响应意愿均有正向影响。除外部环境的影响力较小且不显著外，其他因素均存在显著影响。影响程度从强到弱排列前三的是协同响应动力、企业服务意识、协同响应机制，然后是企业基本特征和企业服务能力。在两个模型中主成分法和综合指数法的估计结果的显著性、方向和大小差异很小，且两种方法的估计结果与预期一致，说明模型拟合效果较好。因此，在龙头企业协同响应意愿的影响因素中，除外部环境以外，其他因素均发挥较为重要的影响作用。

（2）指标层模型分析结果。利用各具体指标的数据进行参数估计，回归估计结果如表 5-23 所示。

表 5-23　　　　　　　　龙头企业指标层模型回归估计结果

变量	指标	回归系数	Z 统计量
企业基本特征	企业等级（x_1）	0.195	1.47
	企业年收入（x_2）	0.480 ***	4.32
	企业负责人文化程度（x_3）	−0.044	−0.23
企业服务意识	提供农业服务的方式（x_4）	0.445 ***	5.44
	与规模农户之间的关系（x_5）	1.306 ***	5.34
企业服务能力	为规模农户服务的能力（x_6）	0.186 **	2.04
	向区域外规模农户提供服务数量（x_7）	0.200 **	2.30
协同响应动力	企业自身驱动力（x_8）	1.298 ***	6.54
	服务功能商吸引力（x_9）	0.859 ***	6.66
协同响应机制	利益分配方式（x_{10}）	0.196 ***	3.16
	服务标准制定（x_{11}）	0.019	0.14
	引导措施（x_{12}）	0.267	1.37
	合作与交流互动程度（x_{13}）	0.857 ***	5.18
外部环境	对规模农户需求量大小满意度（x_{14}）	0.103	0.68
	提供同类服务企业在本地的数量（x_{15}）	−0.436 ***	−3.64
	由于政府的号召（x_{16}）	1.256 ***	3.68
	政府作用发挥（x_{17}）	−0.319 ***	−2.81

模型整体效果检验统计量：Cox & Snell R^2 = 0.410　Nagelkerke R^2 = 0.612

注：表中 * 、 ** 、 *** 分别表示在 10% 、 5% 和 1% 水平上显著。

模型估计结果显示，企业基本特征、企业服务意识、企业服务能力、协同响应动力、协同响应机制和外部环境等因素对龙头企业协同响应意愿均会产生影响，具体表现为以下六个方面。

第一，企业基本特征。首先，龙头企业的年收入对其协同响应意愿具有显著的正向影响，收入越高则协同响应的意愿越强。这是因为收入越高的企业，通常实力越强，越注重企业长远发展和战略转型，因而其协同响应意愿也越强。调研数据也显示出年收入在 5000 万元及以上，有超过 86% 的企业表示愿意协同响应；而年收入在 500 万元及以下，仅有 47.4% 的企业表示愿意协同响应，这也可以看出年收入越高的企业，其协同响应的意愿越强。其次，龙头企业获评龙头企业等级对其协同响应意愿的影响虽不显著，但方向与预期一致。理论上讲，龙头企业获评等级越高，其协同响应的意愿越强，但由于实践中企业评级主要考察的是其带动农户数，而不是考察其与服务功能商的关系，其转变需要一个过程，导致影响不显著。最后，龙头企业负责人的文化程度对其协同响应意愿的影响非常微弱，甚至可以忽略。一般来说，具备一定实力的企业都是由高层集体决策，受负责人单独个人的影响非常弱，且服务转型真正需要的是企业负责人的战略眼光和实践阅历，只要具备适当的文化程度即可。

第二，企业服务意识。龙头企业的服务意识对其协同响应的意愿具有显著的正向影响，两个指标均在 1% 的水平上显著。从为规模农户提供服务的方式来看，以自身资源向农户提供服务的龙头企业群体中，仅有 60.4% 表示愿意协同响应，明显低于联合不同服务供应方共同向农户提供服务的龙头企业（愿意协同响应者占比 85.7%）和通过整合集成为农户提供服务的龙头企业（愿意协同响应者占比 89.7%），而后两种提供服务的方式更能彰显龙头企业的为农服务意识以及与规模农户的关系。从与规模农户建立的关系来看，与规模农户之间建立的纯粹是服务供需关系的龙头企业中，仅有 23.1% 表示愿意协同响应；而在以服务为纽带，与规模农户建立多方位交流和合作关系的龙头企业中，高达 80.3% 的龙头企业表示愿意协同响应。这都说明，与规模农户关系越密切的龙头企业，其服务意识越强，越愿意以规模农户需求为中心，越可能转型为服务集成商，更好地响应规模农户需求。

第三，企业服务能力。结果显示，龙头企业的服务能力越强，其协同响应的意愿越强，且在 5% 的水平上显著。龙头企业为规模农户提供的服务种类越多，向本地区以外规模农户提供服务的次数越多，说明其实力越强，也越有可能成功实施资源整合，进一步拓展市场、做大做强，因而其协同响应的意愿越强。前面调研结果显示，部分龙头企业之所以不愿意协同响应，是因为自身不具备资金、技术和人才等资源，而具备一定实力的龙头企业是有意愿进行协同响应的。

第四，协同响应动力。驱动龙头企业协同响应的两种力量：一是自身内部的驱动力；二是服务功能商的吸引力。分析结果证实了龙头企业自身驱动力（$\beta = 1.298, p = 0.000$）和服务功能商吸引力（$\beta = 0.859, p = 0.000$）对其协同响应意愿的促进作用。一方面，龙头企业无论是基于提高自身经济收益和服务能力，还是基于更好地响应规模农户需求和改变"单打独斗"、各自为政的局面，提高服务供给质量和效率，均会驱使着龙头企业进行服务转型和协同响应。另一方面，服务功能商的从业年限、与龙头企业资源的互补性、服务质量意识、诚信和口碑等，有利于资源整合集成、供应链系统内组织协调活动的顺利开展，也有利于更好地响应规模农户需求，提高服务质量和效益，这些将吸引着龙头企业进行协同响应。

第五，协同响应机制。分析结果显示，龙头企业与服务功能商之间建立的利益分配方式和合作与交流互动程度对其协同响应的意愿具有显著的正向影响（在1%水平上显著）。利益分配是否合理是决定龙头企业与服务功能商之间合作关系稳定与持久与否的关键。调研结果显示，高达72.9%的龙头企业认为应该建立合理的利益分享机制。另外，龙头企业与服务功能商之间的合作与交流互动程度，关乎着合作关系的深度、广度和延续性，有利于协同响应的实现。调研结果也显示，70%以上的龙头企业认为应该与服务功能商之间建立共赢共享、多方交流和资源共享的合作互动关系。龙头企业是否对服务功能商制定有详细的服务标准和是否有引导服务功能商提供优质服务的引导措施，对其协同响应的意愿没有显著的影响，但方向与预期一致。这可能是由于龙头企业与服务功能商的合作处于初级阶段，龙头企业所制定的服务标准和引导措施还未发挥作用，或者其属于基本的规范要求层面，不具有激励属性，导致影响不显著。

第六，外部环境。外部环境从整体上来看，对龙头企业协同响应意愿的影响方向为正，但不显著。但是从具体指标来看，市场需求、行业竞争和政府作用对龙头企业转型与协同响应意愿的影响却存在差异。首先，市场需求对龙头企业协同响应意愿影响的方向为正，但不显著，说明现阶段规模农户需求还待挖掘和培育。调研数据也显示出龙头企业对规模农户服务需求量大小的满意度低于整体的满意度。其次，同行企业数量对龙头企业协同响应的影响显著为负，即在本地区提供同一类服务的同行企业数量越多，龙头企业越不愿意转型与协同响应，与预期相反。可能的解释是，同行企业越多，竞争越激烈，企业牵头进行资源整合的难度越大，即便可能暂时整合成功并构建起服务供应链，但该链由于外界的吸引（其他同行也进行资源整合），成员很不稳定，增加了协调管理的难度，因而很难吸引龙头企业进行服务转型和协同响应。最后，政府号召对龙头企业协同响应的意愿具有显著的正向影响，在1%水平上显著。但政府作用的发挥对龙头企业协同响应的意愿却具有显著的负向影响，与预期相反。这是因为，政府的号召意味着行业的发展风向和政策支持程度，指引和激励着龙头企业进行服务转型和协同响应。但是，现阶段政府主要发挥的是监督管理功能，对龙头企业扶持方面发挥的作用尚未达到企业预期，这在一定程度上抑制了龙头企业服务转型和协同响应的意愿。调研结果也显示，龙头企业期望政府发挥作用，排列第一位的是扶持龙头企业（62.6%），这说明，在农业社会化服务行业处于资源整合的起步阶段，政府作用的发挥要真正落实到"真金白银"上。

5.2.5　结论与建议

本书以东、中、西部10省（区、市）316个龙头企业为样本，分析了服务供应链环境下龙头企业协同响应意愿的影响因素。研究结果表明，龙头企业的年收入特征、龙头企业服务意识、龙头企业服务能力、龙头企业自身驱动力和服务功能商吸引力、龙头企业与服务功能商之间的利益分配方式和互动交流程度，以及政府的号召等对龙头企业的协同响应意愿产生显著的促进作用。本书丰富了供应链管理理论在农业服务领域的应用，创新了服务主体联合合作的视角，为促进服务主体的高质量发展提供了新的指南。根据实证分析结果，提出以下政策建议：（1）政府在发挥监督管理和宣传引导作用的同时，应以真金白银补贴扶持龙头企业，促进其服务转型；（2）龙头企业应秉持转型发展的战略眼光，不断提升自身的经营能力、服务能力和资源整合集成能力，增强业界影响力和吸引力；（3）构建合理的利益分配机制以及畅通龙头企业与服务功能商沟通交流的良性互动机制，确保龙头企业参与协同响应的持续性和稳定性；（4）大力培育具有良好服务意识、合作意识、资源互补型的农业社会化服务组织，以及具有良好合作意识的规模农户，构建龙头企业、服务组织、规模农户为主体，共生共享的农业社会化服务供应链生态体系。

5.3 供应链整合对服务绩效的影响：
协同网络的中介作用

随着家庭农场、专业大户等规模农户不断涌现，其对农业社会化服务的需求也日趋多样化、个性化，具体表现为服务响应的及时性、服务项目的全面性、服务质量的挑剔性和服务价格的敏感性。而目前，我国农业社会化服务还普遍存在供给主体"单打独斗"、各自为政、供给成本高、供给效率低等问题，这已经成为新时期我国农业适度规模经营的重要桎梏。面对日益变化的服务需求、外部环境的不确定性以及各供给主体自身服务资源的有限性，整合资源、优势互补、协同响应、合作共赢成为农业社会化服务供给主体的必然选择。在农村产业融合大背景下，更多经营主体将走向联合。在各类合作联盟中，以龙头企业为集成商、合作社等中介服务组织为功能商、规模农户为客户的农业社会化服务供应链无疑是一种颇具创新性和导向性的组织形式。新希望六和的"担保鸡"服务模式、金丰公社的服务平台模式、安徽农服的"331"服务模式以及一批新兴农业产业化联合体等的微观运行实践就是例证。通过构建农业社会化服务供应链，有效集成服务需求信息，有效整合服务供给资源，并以服务为纽带建立起供应链成员间相互联系、相互依存的协同网络，协同响应规模农户的服务需求，提高供给质量和效率，实现供应链整体服务绩效的提升。其中，包括整合机制构建和信息技术支持在内的服务资源整合方式、协同网络的形成，对服务绩效的提升至关重要。

国内外已有一些文献对供应链整合与绩效、信息技术能力与绩效的关系做了相应研究。然而，已有研究多是侧重供应链整合的维度对企业绩效的直接影响，有关整合机制的研究较少，引入协同网络作为中介变量的研究更少。且现有供应链整合研究大多集中在制造业领域，即从产业链上下游供需衔接、协作角度进行研究的较多；而有关农业社会化服务供应链的研究较少，即从农业产前产中产后服务整合集成、合理配置、协同响应（纵向、横向协同）角度进行研究的较少。尤其是，以农业社会化服务资源整合为切入点，以服务绩效为衡量标准，农业社会化服务供应链整合（包括整合机制和整合信息技术）对服务绩效的影响如何？协同网络在上述影响中的中介角色如何？目前尚缺少系统的理论探讨，而这正是本书将要探讨的问题。

5.3.1 文献回顾

5.3.1.1 整合信息技术

信息技术即信息和通信技术，是对处理和管理信息所采用的各种技术的总称。信息技术是供应链协同运作的最主要支撑技术，是一种减少协调成本的有效方法。周月书和王婕（2017）提出，应在产业链中搭建信息共享平台，通过信息、技术共享降低风险。科勒和阿克布鲁特（2005）提出，信息技术能够驱动企业实现高绩效的供应链整合。

可见，信息技术为供应链整合提供了直接条件。就农业社会化服务供应链而言，整合信息技术的运用能够为龙头企业的服务供应链管理以及龙头企业、合作社等功能商、规模农户间的信息共享提供有力的支撑，供应链成员间可以实现更加便捷、高效、低成本的信息交流与协作。因此，整合信息技术是实现农业社会化服务供应链协同响应的重要技术保障。

5.3.1.2 整合机制

供应链整合是供应链网络的形成方式。整合是在组织内或组织间在对各类资源进行有效规划、协调和控制的基础上，获得单一行为不能达到的效率和综合效益的一种行为。供应链整合的目的是以最快的速度和最低的成本为客户提供最大的价值。而网络组织形成协同效应，必须依赖信任、声誉、学习创新、激励约束、利益分配等网络治理机制。

农业社会化服务供应链整合是对各类农业社会化服务资源供给主体形成的网络进行的整合，旨在协同响应规模农户的服务需求，其协同效应的产生也需要依赖相关的网络治理机制，这里称之为整合机制。结合整合过程，本书将其划分为资源配置机制、激励约束机制和沟通互动机制三个维度。

5.3.1.3 协同网络

协同网络的思想源于社会网络理论在管理中的运用。协同网络是以企业、客户、供应商和中介机构等为节点形成的或垂直或水平的关联型、创新型网络。闫丽丽等把供应链协同网络定义为以供应链中某一企业为核心、联结各节点企业而形成的网络式联合体。

据此，本书将农业社会化服务供应链协同网络界定为：以龙头企业（服务集成商）为核心，与合作社等服务功能商、规模农户（客户）之间通过订立正式契约或关系型契约所形成的服务资源和服务信息共享的网络式联合体。借鉴解学梅对协同创新网络四个维度的划分，本书将农业社会化服务供应链协同网络划分为网络规模、网络强度、网络异质性和网络开放性四个维度。

5.3.1.4 服务绩效

服务绩效是服务供应链运行成果的最终体现。有学者主要从快速响应消费者需求变化、快速满足消费者需求的能力、高水平的顾客服务能力等方面测量供应链绩效（Flynn et al.，2010）。陈金亮（2012）从良好的溢出效应、各方收益的提高、整体绩效的提高来衡量服务供应链的合作绩效。本书认为，对农业社会化服务供应链而言，服务绩效既包括面向规模农户的客户满意度的提高和服务支出成本的降低，也包括面向龙头企业、合作社等功能商的社会声誉提升以及各自整体服务收益增加。

5.3.2 研究假设与理论模型

5.3.2.1 协同网络与服务绩效

协同网络作为服务供应链各主体参与服务协同创新的载体和虚拟平台，可以更好地解释服务供应链相对于各自为政的服务供给形式的组织创新程度和制度优势。协同网络对创新绩效具有显著的正向影响。协同网络的规模、强度、异质性和开放性等特征都将对服务供应链的协同创新产生影响。

网络规模是指核心企业在创新过程中所积累的网络关系总量。有学者认为，企业连接的网络规模越大，越能提高企业绩效（Ahuja et al.，2000）。对农业产业而言，创新核心主体（农民和农业企业）周围所形成的其他相关主体的数量越多，越有利于提高农业产业创新绩效。网络强度反映龙头企业、合作社等中介服务组织、规模农户等各参与主体之间的互动交流频率及关系紧密程度。有学者认为，协同网络的协作程度和企业创新绩效正相关（Nieto et al.，2000）。周芳和郭岩（2012）实证得出，供应链中网络连接的强度对企业的创新绩效具有显著的促进作用。网络异质性用来反映服务功能商类型或服务资源类型间的差异程度。网络异质性使网络中信息更具多样性，由此促进了企业创新绩效的提升。供应链网络中协同资源的互补性、伙伴之间资源的互补程度均会对供应链绩效产生影响。网络异质性增加了网络中服务项目的多样性、互补性，有利于提供更多元的服务资源组合，满足多样化的服务需求，从而提升供应链的服务绩效。网络开放性用来反映龙头企业主导的服务供应链对成员（合作社等功能商、规模农户）的吸引程度，或成员进入门槛的高低程度。开放性也会影响网络规模和异质性，进而影响服务绩效。

在协同网络构建中，龙头企业作为农业服务集成商，其能整合集成的服务功能商的数量和种类越多，对功能商的吸引力越大，互动频率和关系质量越高，就越能为规模农户匹配适合的服务功能商，越能满足规模农户的服务需求，最终提升服务绩效。由此，提出 H1 ~ H1d。

H1：协同网络对服务绩效具有正向的促进作用。

H1a：网络规模对服务绩效具有正向的促进作用。

H1b：网络强度对服务绩效具有正向的促进作用。

H1c：网络异质性对服务绩效具有正向的促进作用。

H1d：网络开放性对服务绩效具有正向的促进作用。

5.3.2.2　整合信息技术与协同网络

信息技术可以降低信息的搜集和沟通成本，提高组织效率，可以以更低的交易成本将供应链参与各方联系在一起。通过建立统一的信息共享网络平台，为供应链参与主体提供一个高效的信息沟通和协同运作的环境。

就农业社会化服务供应链而言，整合信息技术的应用，为龙头企业集成规模农户的需求信息和合作社等功能商的供给信息提供了可能，并且能够实现不同地域（当然，从服务半径考虑，更多的是同一地域）、不同行业的服务功能商之间、服务功能商与规模农户之间，以及龙头企业与服务功能商、规模农户之间的实时信息共享。依托供应链整合信息技术组建的服务协同网络（平台）不仅可以实现网络中参与主体数量、类型增加，还可以增强各主体之间交流互动频次，增进各主体之间的关系质量和合作强度。由此，提出

H2 ~ H2d。

H2：整合信息技术对协同网络具有正向的促进作用。

H2a：整合信息技术对网络规模具有正向的促进作用。

H2b：整合信息技术对网络强度具有正向的促进作用。

H2c：整合信息技术对网络异质性具有正向的促进作用。

H2d：整合信息技术对网络开放性具有正向的促进作用。

5.3.2.3　整合信息技术与服务绩效

在服务情境下，借助信息技术获取的信息，便于处理客户问题和提升服务绩效。整合信息技术的运用不仅可以实现各主体便捷地进行信息交流和资源共享，可以实现快速响应客户需求、缩短服务时间和提升服务水平，而且还能帮助降低供应链成本（包括沟通成本、搜寻成本、协调成本和交易成本）、降低风险、提升顾客满意度和企业声誉，从而提升服务绩效。由此，提出 H3。

H3：整合信息技术对服务绩效具有显著的正向影响。

合作创新网络中互补性资源对于合作创新绩效具有正向影响。农业社会化服务协同网络也是一种合作创新网络，因而龙头企业与合作社等中介服务组织之间、中介服务组织之间的互补性服务资源也能促进合作创新绩效——服务绩效的提升。此外，整合信息技术的应用可以增加参与主体间交流互动的频率，提高彼此间资源和信息的共享程度，减少摩擦和增强信任，进而促进信息和资源的有效利用，协同响应规模农户服务需求，提升服务绩效。由此，提出 H4。

H4：协同网络在整合信息技术与服务绩效关系中起到中介作用。

5.3.2.4　整合机制与协同网络

协同网络具有自组织性质，存在松散无约束力的弊病，必须从制度层面增强协同网络功能，从而实现协同效应。不仅如此，还需要构建良好的整合机制，包括资源配置机制、激励约束机制和沟通互动机制，促进协同网络的形成。

资源配置机制是首要的整合机制。具体是指，龙头企业通过识别合作社等服务功能商的价值，并以某种联结方式获取其服务资源，将该服务资源与规模农户的需求进行对接匹配，实现"有效调度资源，充分发挥资源效用，响应规模农户需求"目标的服务供应链资源整合利用方式。资源配置机制越合理，越有利于吸引不同功能商参与，增强协同网络的规模、异质性和开放性。

激励约束机制包括：保证程序公平、结果公平的准则和机制；对服务功能商进行相应奖惩的机制；对服务功能商服务水平进行评价以此决定关系是否延续的机制；服务供应链合作伙伴责权利明确的合同条款保障机制。激励机制的效用毋庸置疑。而约束机制中的合约条款可使成员摒弃投机心理，避免出现机会主义行为。激励约束机制越有效，越能吸引不同功能商参与，增强协同网络的规模、异质性、合作强度和开放性。

沟通互动机制是指供应链伙伴进行沟通、共享信息和关系维护的机制。通过有效沟通、信息共享、多元互动，无疑将增加成员间的信任与相互依赖，从而实现合作的持续性。农业社会化服务供应链的构建与协同运作，旨在于供应链各主体间构建一种以社会化服务为纽带的互动互惠关系。此外，沟通互动也会扩大网络的开放性。可见，沟通互动机制越有效，越能增强协同网络的合作强度和开放性。需要说明的是，整合机制包括三个维度，为简略起见，在 H5、H6、H7 中不一一展开。由此，提出 H5 ~ H5d。

H5：整合机制对协同网络具有正向的促进作用。

H5a：整合机制对网络规模具有正向的促进作用。

H5b：整合机制对网络强度具有正向的促进作用。

H5c：整合机制对网络异质性具有正向的促进作用。

H5d：整合机制对网络开放性具有正向的促进作用。

5.3.2.5　整合机制与服务绩效

在资源配置方面，通过网络可以获取一些企业所没有的资源，并把这些资源转化为企业独特的优势与能力，从而提高效率和绩效（Reynolds et al.，1992）。资源互补能增进伙伴关系，提高联盟绩效（Killing，1982）。张旭梅等通过实证分析得出，知识共享激励机制对合作绩效存在显著影响。俞海宏和刘南提出，收益分享契约下含有激励机制的服务供应链能够实现协调。解学梅和徐茂元通过实证研究得出，协同创新网络和协同创新机制会对企业的创新绩效产生显著影响，同时经由协同创新网络、协同创新机制对企业创新绩效产生间接影响。整合机制一方面有利于协同网络的形成，进而提升供应链的协同响应能力；另一方面又有利于服务绩效的提升。由此，提出 H6 ~ H7。

H6：整合机制对服务绩效具有显著的正向影响。

H7：协同网络在整合机制与服务绩效关系中起到中介作用。

综上所述，本书的理论假设模型如图 5 – 1 所示。后续图表中，整合机制的三个维度分别简称为资源配置、激励约束和沟通互动。

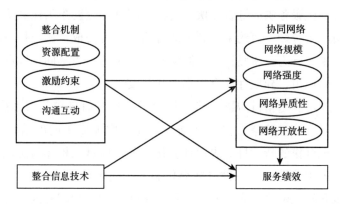

图 5 – 1   理论假设模型

5.3.3   研究设计

5.3.3.1   研究变量与测量

（1）因变量。服务绩效（FWJX）借鉴相关学者的研究成果，用规模农户满意度、规模农户支出成本、社会声誉以及整体服务收益四个指标测度（见表 5 – 24），运用李克特五级量表（1 = 完全不同意，2 = 不同意，3 = 中立，4 = 同意，5 = 完全同意）、四个题项测量。

表 5 – 24   **因变量测量及文献来源**

变量	测量指标	文献来源
服务绩效	能够提高规模农户的服务满意度	Flynn et al. , 2010；Ye et al. , 2013；Kumar et al. , 2016
	能够降低规模农户的服务支出成本	
	社会声誉会有所提升	
	整体服务收益会有所增加	

（2）自变量。整合机制的测度主要借鉴葛宝山（2009）等的研究，用资源配置机制（ZYPZ）、激励约束机制（JLYS）和沟通互动机制（GTHD）三个维度进行衡量（见表5-25），运用李克特五级量表、11个题项来测量。整合信息技术（XXJS）主要借鉴布恩特等（2017）的研究，用供应链内部网络建设、供求信息整合集成、数据整合和信息实时共享三个指标来度量，采用李克特五级量表、四个题项测量。

表5-25　　　　　　　　　　自变量测量及文献来源

变量	测量指标	文献来源
资源配置	获取功能商服务资源	葛宝山，2009； Kumar et al.，2016
	功能商服务资源与规模农户需求对接	
	有效调度资源和发挥资源效用	
激励约束	能够合理分配收益	Kumar et al.，2016
	给予服务质量和信誉高的功能商更多订单	
	签订责权利合同	
	对投机行为制定惩罚措施	
沟通互动	向服务功能商和规模农户提供有用信息	Paulraj et al.，2017
	建立供应链伙伴沟通通道和关系维护机制	
	相互之间告知对方造成影响的事件或变化	
	经常面对面沟通和制订计划	
整合信息技术	建设有相互联系的内部网络	Boon-itt et al.，2017； Paulraj et al.，2017； Kim，2009
	整合集成功能商服务供给信息	
	整合集成规模农户服务需求信息	
	数据整合和实时信息共享	

（3）中介变量。协同网络的测度主要借鉴朱秀梅等（2010）的研究成果，从网络规模（WLGM）、网络强度（WLQD）、网络异质性（YZX）和网络开放性（KFX）四个维度来衡量（见表5-26），采用李克特五级量表、15个题项来测量。

表 5 - 26 中介变量测量及文献来源

变量	测量指标	文献来源
网络规模	参与的规模农户数量	朱秀梅等，2010；解学梅等，2013
	提供农资服务的功能商数量	
	提供农机服务的功能商数量	
	提供农技服务的功能商数量	
	提供其他服务的功能商数量	
网络强度	与供应链伙伴交往频繁	Fynes et al.，2005
	与供应链伙伴在多个层面展开协同	
	能实现专有信息共享	
网络异质性	实现不同类型服务功能商的多样性、互补性	解学梅，2015；Kumar et al.，2016
	同一类型服务功能商之间资源优势互补	
	吸纳各功能商对服务方案的意见并作出决策	
网络开放性	与不同区域的服务功能商展开广泛联系	Andreas et al.，2010；解学梅等，2013
	与不同行业的服务功能商展开广泛联系	
	与不同实力的服务功能商展开广泛联系	
	合作网络具有吸引力	

5.3.3.2 数据收集与样本情况

样本数据来源于 2017 年 12 月至 2019 年 5 月课题组的实地调研。调研主要分为两个阶段：第一阶段为 2017 年 12 月至 2018 年 3 月进行的预调研，通过小范围的测试，对问卷的题项进行修正完善，得到最终问卷；第二阶段为 2018 年 4 月至 2019 年 5 月的正式调研，此阶段调研对象涉及粮油、茶叶、蔬菜、水果、畜禽和水产，以及提供农业社会化服务的农业产业化龙头企业，地域范围覆盖东、中、西部的江苏、安徽、湖北、四川和重庆等省份的 365 个企业，主要对其性质、级别、经营领域、年收入、负责人文化程度等基本信息，以及与服务功能商（合作社等中介服务组织）的合作情况进行调研。收回有效问卷 316 份，有效率为 86.6%。由于本书主要研究龙头企业（服务集成商）与合作社等中介服务组织（服务功能商）的供应链协同响应及服务绩效情况，因此，剔除与服务功能商无合作经历的龙头企业，最终剩下 277 个龙头企业。

　　样本龙头企业中，粮油茶种植占比 32.1%，蔬菜种植和水果种植分别占比 23.4% 和 12.8%，畜禽养殖和水产品养殖占比 22.4% 和 6.3%，农业社会化服务企业占比 3.0%。从企业等级来看，首先是市级龙头企业（45.8%）；其次是省级龙头企业（34.6%）；再其次是区县级龙头企业（14.0%）和国家级龙头企业（2.8%）；最后还有 2.8% 的属于具备一定实力的农业社会化服务专营企业。从龙头企业 2017 年的营业收入来看，整体营收较好，有 37.4% 的年收入在 1000 万 ~ 5000 万元，有 28.0% 的年收入在 1 亿元及以上，这两部分企业占比超过 1/2，年收入在 500 万元以下、500 万 ~ 1000 万元和 5000 万 ~ 1 亿元的企业占比分别为 12.1%、13.1% 和 9.4%。

5.3.3.3　信度和效度检验

　　信度和效度是对问卷量表品质进行评估的重要指标。首先，运用 SPSS23.0 软件对服务绩效、整合机制、整合信息技术和协同网络测量题项的内部一致性进行检验，Cronbach's α 系数均超过 0.8，量表的信度较好。其次，运用主成分分析法，进行探索性因素分析，结果显示，巴特利特球形检验和 KMO 值都符合标准，根据分析结果对存在交叉载荷和因素负荷量低于 0.5 的五个题项进行删除，最终剩余 28 个题项。根据秦等（Chin et al., 1999）建议样本数应为观察变量（即题项数量）的 10 倍，本书分析样本为 277 个，符合分析要求。最后，采用 AMOS21.0 对各个变量的收敛效度和区别效度进行验证性因素分析（见表 5-27 和表 5-28），结果显示各题项非标准化估计值均显著，因素负荷量均大于 0.6，题项信度（SMC）均大于 0.36，说明各题项具有足够的题项信度；组合信度（CR）均大于 0.7，说明各个变量的题目具有内部一致性。

表 5-27　　　　　　　　　　　信度和效度分析

变量	题项	参数显著性估计				因素负荷量	题项信度	组合信度	收敛信度
		Unstad.	S. E.	T-value	P	Stad.	SMC	CR	AVE
资源配置	ZYPZ1	1.000				0.709	0.503	0.864	0.682
	ZYPZ2	1.606	0.125	12.855	***	0.879	0.773		
	ZYPZ3	1.382	0.108	12.855	***	0.877	0.769		

变量	题项	参数显著性估计				因素负荷量	题项信度	组合信度	收敛信度
		Unstad.	S. E.	T-value	P	Stad.	SMC	CR	AVE
激励约束	JLYS1	1.000				0.742	0.551	0.907	0.712
	JLYS2	1.242	0.081	15.352	***	0.898	0.806		
	JLYS3	1.369	0.086	15.831	***	0.933	0.870		
	JLYS4	1.073	0.081	13.300	***	0.787	0.619		
沟通互动	GTHD2	1.000				0.835	0.697	0.911	0.774
	GTHD3	0.991	0.054	18.353	***	0.900	0.810		
	GTHD4	1.073	0.058	18.410	***	0.903	0.815		
整合信息技术	XXJS1	1.000				0.872	0.760	0.922	0.798
	XXJS2	1.257	0.061	20.705	***	0.912	0.832		
	XXJS3	1.081	0.054	20.197	***	0.895	0.801		
网络规模	WLGM1	1.000				0.757	0.573	0.847	0.649
	WLGM2	1.255	0.100	12.523	***	0.811	0.658		
	WLGM4	1.275	0.101	12.640	***	0.847	0.717		
网络强度	WLQD1	1.000				0.741	0.549	0.826	0.616
	WLQD2	1.452	0.128	11.341	***	0.894	0.799		
	WLQD3	1.114	0.101	11.007	***	0.707	0.500		
网络异质性	YZX1	1.000				0.870	0.757	0.908	0.767
	YZX2	1.171	0.061	19.142	***	0.902	0.814		
	YZX3	1.321	0.073	18.022	***	0.854	0.729		
网络开放性	KFX1	1.000				0.898	0.806	0.896	0.741
	KFX2	0.754	0.046	16.403	***	0.803	0.645		
	KFX4	0.878	0.048	18.240	***	0.879	0.773		
服务绩效	FWJX1	1.000				0.920	0.846	0.904	0.758
	FWJX3	1.174	0.066	17.901	***	0.828	0.686		
	FWJX4	0.821	0.043	18.899	***	0.861	0.741		

注：* 表示在 $P < 0.05$ 水平上显著，** 表示在 $P < 0.01$ 水平上显著，*** 表示在 $P < 0.001$ 水平上显著，后文表格与此相同。

通过分析，收敛效度（平均变异萃取量 AVE 值）均大于 0.5，说明各个变量内部题目中高度相关，能够较好地对该维度进行测度，具有收敛效度。此外，AVE 平方根值（除网络强度与沟通互动相关系数以外）均大于变量之间的相关系数，说明各个变量之间具有区别效度（见表 5 - 28）。因此，本问卷整体的信效度较好，测量分析结果具有可靠性。

表 5 - 28　　　　　　　　　　　区别效度分析

变量	AVE	资源配置	激励约束	沟通互动	整合信息技术	网络规模	网络强度	网络异质性	网络开放性	服务绩效
资源配置	0.682	**0.826**								
激励约束	0.712	0.728	**0.844**							
沟通互动	0.774	0.263	0.598	**0.880**						
整合信息技术	0.798	0.340	0.376	0.420	**0.893**					
网络规模	0.649	0.318	0.584	0.649	0.578	**0.806**				
网络强度	0.616	0.513	0.701	0.795	0.483	0.634	**0.785**			
网络异质性	0.767	0.650	0.591	0.658	0.498	0.578	0.709	**0.876**		
网络开放性	0.741	0.317	0.499	0.766	0.829	0.680	0.591	0.589	**0.861**	
服务绩效	0.758	0.589	0.791	0.612	0.645	0.737	0.829	0.806	0.483	**0.871**

注：斜对角线上的数据为 AVE 的平方根，其他数据为变量间的相关系数。

5.3.4　模型假设检验

5.3.4.1　解释变量对被解释变量的影响检验

通过表 5 - 29 可以看出，协同网络对服务绩效具有显著的正向影响，H1 以及各子项均得到验证。资源配置机制（H5b 中的资源配置机制）对网络强度的影响不显著。资源配置机制越合理，对外越有吸引力，这也是实践中龙头企业整合集成行为追求的首要目的（数量扩张），但接下来，增强成员间的合作关系（质的提高）应成为龙头企业关注的重点。除资源配置机制以外，整合信息技术和其他整合机制对协同网络具有显著的正向影响，H2 以及各子项、H5 中的其他各项均得到验证；整合信息技术和整合机制对服务绩效具有显著的正向影响，H3、H6 得到验证。

表 5 - 29　　　　　　　解释变量对被解释变量的影响检验

解释变量	被解释变量	标准化值	非标准化值	S. E.	Z 值	P
网络规模	服务绩效	0.217	0.173	0.040	4.320	0.000
网络强度	服务绩效	0.214	0.168	0.039	4.348	0.000

续表

解释变量	被解释变量	标准化值	非标准化值	S. E.	Z 值	P
网络异质性	服务绩效	0.335	0.224	0.032	7.068	0.000
网络开放性	服务绩效	0.049	0.036	0.017	2.150	0.032
整合信息技术	网络规模	0.276	0.243	0.039	6.167	0.000
整合信息技术	网络强度	0.115	0.102	0.041	2.511	0.012
整合信息技术	网络异质性	0.189	0.198	0.050	3.966	0.000
整合信息技术	网络开放性	0.662	0.632	0.034	18.837	0.000
资源配置	网络规模	0.122	0.105	0.052	2.042	0.041
资源配置	网络强度	0.048	0.042	0.053	0.791	0.429
资源配置	网络异质性	0.198	0.203	0.028	7.229	0.000
资源配置	网络开放性	0.127	0.119	0.013	9.058	0.000
激励约束	网络规模	0.220	0.199	0.062	3.222	0.001
激励约束	网络强度	0.255	0.234	0.064	3.657	0.000
激励约束	网络异质性	0.188	0.203	0.028	7.229	0.000
激励约束	网络开放性	0.121	0.119	0.013	9.058	0.000
沟通互动	网络规模	0.347	0.279	0.040	6.931	0.000
沟通互动	网络强度	0.473	0.386	0.042	9.253	0.000
沟通互动	网络异质性	0.343	0.329	0.048	6.868	0.000
沟通互动	网络开放性	0.136	0.119	0.013	9.058	0.000
资源配置	服务绩效	0.192	0.132	0.030	4.400	0.000
激励约束	服务绩效	0.228	0.165	0.017	9.647	0.000
沟通互动	服务绩效	0.354	0.227	0.030	7.567	0.000
整合信息技术	服务绩效	0.221	0.155	0.031	5.000	0.000

5.3.4.2 中介效果检验

中介效果检验的方法有 B-K method、Sobel test、系数差异法和 Boot-strap 置信区间法等。这里将采用 Bootstrap 置信区间法对理论假设模型进行估计。这是因为 a（自变量→中介变量的回归系数）与 b（中介变量→因变量的回归系数）各自显著，但其乘积（a×b）不一定显著，且通常是不符合正态分布的。因此，应采取 Bootstrap 置信区间法①，可以有效解决数据不符合正态分布时的参数估计。并且，B-K method 和 Sobel test 更适用于单一中介效果的检验，由于本书模型的中介变量协同网络有四个不同的维度，属于多重中介模型。因此，应采用 Bootstrap 方法和霍尔伯特等提出的特定中介效果检验方法②。为研究方便，本书采用 AMOS21.0 进行中介效果的检验。

本书模型中自变量（整合机制和整合信息技术）对因变量（服务绩效）的影响，以及中介变量（协同网络）的中介效果检验结果如表 5 - 30 所示。

（1）整合机制和整合信息技术对服务绩效的总影响。研究结果表明，沟通互动机制（$\beta = 0.227$，$P < 0.001$）对服务绩效影响的总效果最为显著，然后是激励约束机制（$\beta = 0.165$，$P < 0.001$）和整合信息技术（$\beta = 0.155$，$P < 0.001$），而资源配置机制的影响相对较低（$\beta = 0.132$，$P < 0.001$）。由此可知，供应链整合机制和整合信息技术在 1% 的显著性水平上对服务绩效存在显著的正向影响，即资源配置机制、激励约束机制、沟通互动机制和整合信息技术能提升服务供应链的整体绩效。由此，H3、H6 得到验证。

（2）协同网络的中介效应。整体结构模型结果显示，沟通互动机制（$\beta = 0.197$，$P < 0.001$）和激励约束机制（$\beta = 0.135$，$P < 0.001$）对服务绩效的间接效果存在且显著，沟通互动机制（$\beta = 0.030$，$P > 0.05$）和激励约束机制（$\beta = 0.030$，$P > 0.05$）对服务绩效的直接效果不显著，说明协同网络在沟通互动机制和激励约束机制对服务绩效的影响中起着完全中介作用；整合信息技术（$\beta = 0.119$，$P < 0.001$）和资源配置机制（$\beta = 0.063$，$P < 0.01$）对服务绩效影响的间接效果存在且显著，整合信息技术（$\beta = 0.036$，$P < 0.05$）和资源配置机制（$\beta = 0.069$，$P < 0.05$）对服务绩效影响的直接效果也显著，说明协同网络在整合信息技术和资源配置机制对服务绩效的影响中起着部分中介作用。由此，H4、H7 得到验证。

---

① 海斯（Hayes，2009）研究指出，B-K method 和 Sobel test 均存在一个很大的缺点，即要求自变量通过中介变量对因变量产生影响的间接效果要符合正态分布，但 a×b 基本上是不符合这个要求的，因此，使用 B-K method 和 Sobel test 来检验显著性是不准确的，为此，使用 Bootstrap 置信区间法是较好的选择。

② 参照霍尔伯特（Holbert，2003）对每一条路径间接效果（即特定中介效果）显著性进行检验。普里彻（Preacher，2008）指出在多重中介效果模型中，特定中介效果检验最为重要，且通过 Bootstrap 方法的 Bias-corrected percentile method 和 Percentile method 的 Lower 和 Upper 值是否包含 0，及 P 值来判断特定中介效果的显著性。

表5－30

模型的整体中介效果检验

自变量→因变量	标准化的值	非标准化值	SE（标准误）	Z值	Bias-corrected (BC)			Percentile (PC)		
					Lower	Upper	P值	Lower	Upper	P值
总效果										
资源配置→服务绩效	0.192	0.132	0.030	4.400	0.082	0.199	0.000	0.079	0.195	0.000
激励约束→服务绩效	0.228	0.165	0.017	9.647	0.130	0.199	0.001	0.132	0.200	0.000
沟通互动→服务绩效	0.354	0.227	0.030	7.567	0.172	0.290	0.000	0.167	0.285	0.000
整合信息技术→服务绩效	0.221	0.155	0.031	5.000	0.095	0.214	0.001	0.100	0.220	0.000
间接效果										
资源配置→服务绩效	0.091	0.063	0.023	2.739	0.021	0.113	0.004	0.018	0.110	0.006
激励约束→服务绩效	0.187	0.135	0.025	5.400	0.095	0.197	0.000	0.093	0.192	0.000
沟通互动→服务绩效	0.308	0.197	0.022	8.955	0.157	0.243	0.000	0.153	0.239	0.000
整合信息技术→服务绩效	0.170	0.119	0.020	5.950	0.078	0.156	0.001	0.079	0.158	0.000
直接效果										
资源配置→服务绩效	0.101	0.069	0.027	2.556	0.017	0.123	0.014	0.017	0.123	0.014
激励约束→服务绩效	0.041	0.030	0.024	1.250	-0.017	0.079	0.204	-0.018	0.079	0.215
沟通互动→服务绩效	0.046	0.030	0.024	1.250	-0.017	0.079	0.204	-0.018	0.079	0.215
整合信息技术→服务绩效	0.051	0.036	0.017	2.118	0.007	0.073	0.034	0.008	0.076	0.038

注：此表的值为5000 bootstrap samples（参考海斯（Hayes，2009）的建议），95%显著性水平下的检验结果。其中，BC 和 PC 不包含 0，则意味着显著性存在，P 值为双侧检验的结果。模型配适度指标：卡方值/自由度＝1.250，CFI＝0.910，AGFI＝0.995，CFI＝0.918，TLI＝0.958，NFI＝0.912，IFI＝0.919，RMSEA＝0.03，RMR＝0.027，模型配适度整体上在可接受范围内。

表5-31　特定路径中介效果检验结果

特定中介路径	非标准化估计值	SE（标准误）	Z值	Bias-corrected Percentile95% CI		Percentile 95% CI		双侧 Sig. 值
				Lower	Upper	Lower	Upper	
资源配置→网络规模→服务绩效	0.018**	0.008	2.250	0.006	0.038	0.005	0.037	0.002
资源配置→网络异质性→服务绩效	0.045***	0.008	5.625	0.032	0.064	0.031	0.062	0.000
资源配置→网络开放性→服务绩效	0.002	0.003	0.667	0.000	0.011	0.000	0.011	0.128
激励约束→网络规模→服务绩效	0.034***	0.013	2.615	0.014	0.067	0.012	0.063	0.000
激励约束→网络强度→服务绩效	0.045**	0.016	2.813	0.019	0.084	0.018	0.079	0.001
激励约束→网络异质性→服务绩效	0.045***	0.008	5.625	0.032	0.064	0.031	0.062	0.000
激励约束→网络开放性→服务绩效	0.012**	0.005	2.400	0.003	0.023	0.003	0.024	0.008
沟通互动→网络规模→服务绩效	0.048***	0.013	3.692	0.027	0.078	0.024	0.074	0.000
沟通互动→网络强度→服务绩效	0.064**	0.017	3.765	0.030	0.097	0.030	0.096	0.001
沟通互动→网络异质性→服务绩效	0.074***	0.011	6.727	0.053	0.098	0.052	0.096	0.000
沟通互动→网络开放性→服务绩效	0.011	0.007	1.571	-0.002	0.027	-0.002	0.028	0.118
整合信息技术→网络规模→服务绩效	0.042***	0.014	3.000	0.019	0.075	0.017	0.072	0.000
整合信息技术→网络强度→服务绩效	0.018*	0.009	2.000	0.003	0.048	0.002	0.045	0.027
整合信息技术→网络异质性→服务绩效	0.044***	0.010	4.400	0.025	0.064	0.025	0.064	0.000
整合信息技术→网络开放性→服务绩效	0.012**	0.005	2.400	0.003	0.023	0.003	0.024	0.008

注：此表的值为5000 bootstrap samples，95%显著性水平下的检验结果。模型配适度指标：卡方值/自由度=1.420，GFI=0.936，AGFI=0.965，CFI=0.908，TLI=0.912，NFI=0.916，IFI=0.990，RMSEA=0.048，RMR=0.04，模型配适度整体上在可接受范围内。

为进一步分析协同网络四个维度各自在供应链整合机制和整合信息技术对服务绩效影响中的中介效果大小，利用 Bootstrap 方法中的 Bias-corrected percentile method 和 Percentile method 两种方法，分别对各特定路径的中介效果大小和显著性进行检验（见表 5 – 31）。前面表 5 – 29 结果分析已提及，资源配置机制（β = 0.042，P > 0.05）对网络强度的影响不显著。因此，在后面特定路径中介效果检验中，不再对资源配置→网络强度→服务绩效的路径进行分析。

第一，协同网络在资源配置机制与服务绩效间的部分中介效应检验。研究结果发现，资源配置机制→网络规模→服务绩效（β = 0.018，P < 0.01）和资源配置机制→网络异质性→服务绩效（β = 0.045，P < 0.001）的特定路径中介效果存在且显著，而资源配置→网络开放性→服务绩效（β = 0.002，P > 0.05）的路径系数不显著。资源配置机制越合理，越利于扩大网络的吸引力和开放性，但要识别、获取真正能发挥功能作用和互补作用的功能商，这样才能最终促进服务绩效的提升。此外，资源配置机制→服务绩效的直接效果和资源配置机制→协同网络→服务绩效的中介效果分别占总效果的比值为 52.27% 和 47.73%，说明资源配置机制对服务绩效的影响主要来源于直接影响，且在中介效果中，绝大部分是通过网络异质性（占比 69.23%）来实现的，然后是通过网络规模（占比 27.69%）对服务绩效产生影响。

第二，协同网络在整合信息技术与服务绩效间的部分中介效应检验。分析结果可知，整合信息技术主要通过网络规模（β = 0.042，P < 0.001，占比 36.21%）和网络异质性（β = 0.044，P < 0.001，占比 37.93%）对服务绩效产生影响；然后是通过网络强度（β = 0.018，P < 0.05，占比 15.52%）对服务绩效产生影响；通过网络开放性（β = 0.012，P < 0.01，占比 10.34%）的影响相对较弱。此外，整合信息技术→服务绩效的直接效果和整合信息技术→协同网络→服务绩效的中介效果分别占比为 23.23% 和 76.77%，说明整合信息技术对服务绩效的影响主要通过协同网络来实现。

第三，协同网络在激励约束机制与服务绩效间的完全中介效应检验。分析结果显示，激励约束机制主要通过网络强度（β = 0.045，P < 0.01，占比 33.09%）和网络异质性（β = 0.045，P < 0.001，占比 33.09%）对服务绩效产生影响；然后是通过网络规模（β = 0.034，P < 0.001，占比 25.00%）；

通过网络开放性（β=0.012，P<0.01，占比8.82%）对服务绩效产生的影响相对较弱。

第四，协同网络在沟通互动机制与服务绩效间的完全中介效应检验。分析结果发现，沟通互动机制→网络异质性→服务绩效（β=0.074，P<0.001）、沟通互动机制→网络强度→服务绩效（β=0.064，P<0.01）和沟通互动机制→网络规模→服务绩效（β=0.048，P<0.001）的特定路径中介效果存在且显著，沟通互动机制通过网络开放性（β=0.011，P>0.05）对服务绩效的影响不显著。沟通机制越完善有效，越利于扩大与功能商的联系，增强网络吸引力，但要以提升绩效为目的，改进沟通方式，完善沟通机制，提高其影响的针对性和有效性。

5.3.5　研究结论与启示

5.3.5.1　研究结论

农业社会化服务资源整合是协同响应规模农户需求、提升服务绩效的重要手段。服务绩效的有效提升，既需要供应链整合信息技术和整合机制的支持，也需要协同网络的形成。本书基于277个开展农业社会化服务整合集成的龙头企业调查数据，运用结构方程模型（SEM）探讨了供应链整合机制和整合信息技术对农业社会化服务绩效的作用机理以及协同网络的中介效应。研究发现，供应链整合机制和整合信息技术对农业社会化服务绩效具有显著正向影响；协同网络在整合机制和整合信息技术与服务绩效间起着中介作用，其中，协同网络在资源配置机制和整合信息技术对服务绩效的影响中起着部分中介作用，协同网络在激励约束机制和沟通互动机制对服务绩效的影响中起着完全中介作用。

5.3.5.2　启示与建议

作为农业社会化服务供应链集成商，龙头企业应积极创造、努力完善整合信息技术和整合机制等条件，促进协同网络的形成和服务绩效的提升。具体启示与建议包括：（1）要以涉农服务资源为切入点，整合各类农业社会化服务资源，吸引不同类型、更多数量的合作社等中介服务组织加入服务供应链；（2）构建整合信息技术管理系统，提高沟通和协同运作效率；（3）构建有效的资源配置机制（在整合资源方面，针对不同类型、不同实力的功能商，采取灵活多样的联结方式）、激励约束机制、沟通互动机制，培育服务资源互补、信息和知识共享、沟通顺畅、多元互动、伙伴关系良好的农业社会化服务生态系统，共同致力于服务绩效的提升。需要注意的是：龙头企业要努力完善整合机制，提高对合作社等服务中介组织的网络吸引力；要增强对优质功能商的识别、获取；要进一步改进沟通互动方式，完善沟通互动机制；数量扩张的同时，要着力提升成员间的关系质量和合作水平。

| 第 6 章 |

农业社会化服务供应链构建与协同运行的机制与路径

在前述内容系统分析的基础上，本章首先围绕服务资源整合、共生伙伴选择、共生界面畅通、联合价值创造、共生环境诱导等方面提出供应链构建与协同运行的机制设计；其次从龙头企业、规模农户、合作社等中介服务组织、政府等层面提出龙头企业服务转型、供应链整合、协同能力提升以及供应链协同共生的路径选择与政策建议。除非专门说明，机制与路径设计主要围绕龙头企业（集成商）和中介服务组织（功能商）展开。

6.1 服务供应链构建与协同运行的机制设计

农业社会化服务供应链构建与协同运行的机制主要包括：服务资源整合机制、共生伙伴选择机制、共生界面畅通机制、联合价值创造机制和共生环境诱导机制。其中，服务资源整合机制和共生伙伴选择机制很大程度上表现为对服务供应链构建的支撑，共生界面畅通机制和联合价值创造机制很大程度上表现为对服务供应链协同的保障，而共生环境诱导机制则为服务供应链构建与协同运行提供了良好的外部支持或正激励。正是上述机制，为服务供应链协同响应提供了根本保障，或者说，这些机制在协同响应过程中扮演了至关重要的作用。协同响应过程如图 6–1 所示。

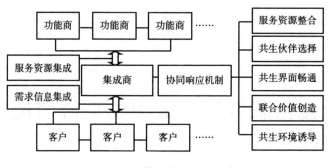

图 6 - 1 协同响应过程示意

6.1.1 服务资源整合机制

服务资源整合，是为降低农业生产成本，响应规模农户个性化、全程化、综合化服务需求，涉农龙头企业作为集成商进行的优化组合内外部服务资源的过程。从优化组合考虑，龙头企业根据自身发展战略和规模农户需求对相关服务资源进行重新配置，以培育龙头企业的核心竞争力，实现资源配置与客户需求的有效对接。整合包括规模农户服务需求整合、能力资源整合以及信息资源整合。通过整合，改变过去服务资源分散、服务主体各自为政的状况，在响应规模农户需求方面形成合力。目的是通过"以服务供应链为载体、以共生共创为核心"的制度安排、流程设计和管理协调，协同响应规模农户需求，提高服务供应链整体绩效和为农服务水平。支撑资源整合所需的资源配置、管理协调等制度化的方法措施，就是服务资源整合机制。

就服务资源整合过程而言，具体表现为：明确所服务区域内规模农户的服务需求，厘清满足这些需求必须具备的资源，分析龙头企业自身拥有的资源以及缺少的资源，搜寻能提供这些补缺资源的服务组织，通过已形成的关系或建立联系、沟通协商，将这些服务组织发展成为功能商，并与之建立良好的服务供应链合作伙伴关系。

相应地，服务资源整合机制具体内容包括：（1）资源配置机制。龙头企业应能有效识别服务功能商的价值，并能从功能商处获取服务资源；能够将功能商的服务资源与规模农户的需求进行有效对接；能够有效调度资源，充分发挥资源效用。（2）激励约束机制。农业社会化服务供应链的构建和运作过程，应遵循标准化和透明化原则，确保程序公平；能够合理分配收益，切实做到共建、共享，确保结果公平；单次服务收益不小于"单打独斗"时的收益，或获取的规模服务收益大于"单打独斗"时的总收益，为服务功能商提供供应链参与的收益激励；对服务质量和服务信誉较高的服务功能商，应给予其更多的服务订单或收益激励；签订有关服务供应链合作伙伴责权利的合同条款，建立有依据服务满意度对功能商服务水平进行评级的机制，以此决定伙伴关系是否持续；针对合作伙伴可能出现的投机行为，制定让其失去已有业务、损失声誉、失去共享资源的惩罚性措施。（3）沟通互动机制。建立与服务供应链合作伙伴进行沟通的通道和关系维护的机制；向服务功能商或规模农户提供可能帮助他们的任何信息（如农业服务实时信息、市场信息、技术信息、知识经验）；与服务供应链合作伙伴之间互相告知可能会给对方造成影响的事件或变化；与供应链伙伴之间经常进行面对面的沟通、解决问题和制订发展计划。

服务资源整合机制的构建与实施，需要以龙头企业为集成商的各供应链节点成员转变观念，本着共生共创的理念，加强团队协作；需要龙头企业的经营决策者具有开阔的视野和独到的眼光，独具资源整合的慧眼，富有创新意识和开拓精神；作为资源整合者，龙头企业应切实提高自身的实力，注重培育企业核心竞争力，注重提升企业声誉力和影响力；龙头企业应不断提高资源聚合能力，扩大并有效利用社会关系网络，善于挖掘、发现和利用各类服务组织的优势资源，与之构建并发展供应链合作伙伴关系。

6.1.2　共生伙伴选择机制

农业社会化服务供应链中，共生伙伴选择主要表现为龙头企业对服务功能商的选择。共生伙伴选择机制有两种。一是竞争性选择规则，适用于不完全信息条件下，也就是以市场的形式实现龙头企业对服务功能商的筛选。在共生伙伴的协同意识、协同能力不能被完全掌握的情况下，将根据竞争性选择规则遴选共生伙伴，选择的结果往往是信息占优的服务功能商率先进入共生体系，这种选择机制在服务供应链发展的初期较为普遍。二是非竞争性的关联度规则，适用于完全信息条件下，即资源互补性强、协同度高的服务功能商替代互补协同程度低的服务功能商，这种选择机制在服务供应链发展的成熟期较为普遍。例如，2017年金丰公社成立之时，邀请300名优秀农资经销商和种植大户代表成为金丰公社授牌和颁证的首批服务商及社员。把原来有能力的经销商转变为服务商，把原来能力不行的，只能靠赊销和垫资、只会赚贸易差的、能力弱的经销商淘汰掉，这就是最初的依据市场机制选择服务功能商。后期随着服务功能商的增加以及金丰公社对功能商的了解增多，在挑选长期合作伙伴或业务优选伙伴时，在以往合作中互补协同度高的服务功能商将成为优先考虑对象。

在竞争性选择阶段，龙头企业对服务功能商信息的了解不完全，共生关系或协同行为主要靠规范性协议（合同）维持。在接下来的阶段，随着信息拥有量增加，甚至达到完全信息，这时共生关系或协同行为主要依靠彼此的互信、认同两种机制起作用（这种情况下协议更加规范，协议约束变成一种隐性机制）。显然，随着时间的推移，信息透明度增加，遴选的服务功能商更具合作性，彼此的资源互补性、行为协同性更强，更有利于提高服务绩效。

6.1.3 共生界面畅通机制

从共生理论视角，龙头企业和合作社等中介服务组织、规模农户作为农业社会化服务供应链中的共生单元，存在着相互作用、相互依存的共生关系，三者共同构成共生链或共生体。共生界面是共生单元相互接触、相互作用的媒介或介质，共生界面的性质与变化影响共生模式的选择与变化。就集成商与功能商而言，龙头企业与合作社等中介服务组织之间可以具有例如信誉、契约、信息、技术、培训、服务质量、服务标准等多个不同的共生界面，通过这些界面，物质、信息和能量交流可以充分地在龙头企业和中介服务组织之间实现。在共生模式演进中，正是由于龙头企业、中介服务组织、规模农户、政府等利益相关方不断采取措施畅通共生界面，才促进了连续互惠共生关系的形成，这些措施构成了农业社会化服务供应链各共生单元之间的共生界面畅通机制。

从公平理论的视角来看，共生界面畅通机制实际上是过程性公平的反映——通过接触、参与、互动，增进互信与认同。过程性的公平较易观察，有时使过程性公平比结果性公平更能说服合作的另一方相信彼此的合作是比较公平的，这更利于协作的持续稳定。因此，基于过程性公平容易被忽视的现实，构建共生界面畅通机制至关重要。在构建共生界面畅通机制过程中，要充分发挥各类共生介质的作用。以集成商与功能商为例，在双方的连接互动中，龙头企业应充分利用声誉力，吸引不同类型的服务功能商参与供应链构建。在合作契约中加入龙头企业为功能商提供技术和信息支持的条款，在双方的连接互动中，积极帮助服务功能商改善服务条件、提高服务水平，为服务功能商提供培训和服务标准，以及借助"互联网+"构建供需联结平台，这些措施都能极大地畅通双方的共生界面，深化双方关系。共生界面的畅通，对于构建以集成商与功能商为核心的服务主体协同网络具有重要的意义。

6.1.4　联合价值创造机制

企业间关系安排中包括两类关系价值机制，一类是联合价值创造；另一类是价值攫取（Lavie，2007）。在特定企业间关系安排中，成员企业以增强整个合作安排的累积价值为最终目的的价值协同创造就是联合价值创造（Dyer & Singh，1998）。以此为遵循，在农业社会化服务供应链中，促进服务供应链各成员价值协同创造的制度性安排，就是联合价值创造机制。

农业社会化服务供应链构建与运行中，基于资源互补和资源整合形成协同网络，在龙头企业的统一调度下，资源、信息、经验、功能等得到有效共享和安排，通过角色分工、优化配置、协同响应实现价值增值，这不仅强化了龙头企业与服务功能商自身的价值创造，而且实现了联合价值创造大于各服务主体单独价值创造之和。具体而言，通过资源整合与联合价值创造，龙头企业让自身的服务资源得到充分利用，不仅获得了稳定的服务资源收益，还获得了服务供应链管理收益，更拓展了业务范围和企业持续发展的空间；服务功能商则不仅让自身的服务资源得到充分利用，获得服务规模化效益，还在协同响应中提升了服务技能和服务水平；最终，通过联合价值创造，整个服务供应链能更有效地响应规模农户的需求（省钱、省时、省事），改变了各自为政情况下服务供给缺乏质量和效率的局面。

如果说服务资源整合机制是从资源配置、激励约束、沟通互动等功能性机制设计上支撑了资源整合的过程，那么联合价值创造机制则是从服务主体合作连接、协同网络的形成与增值等深层次机理上支撑了资源整合及协同响应的实现。

联合价值创造的实质是通过互利性行为协同创造新价值（而不是利用自利性行为攫取既有价值）。这些互利性行为包括：行为协同；知识、能力与资源共享；专用性投资；共同解决问题；共同进化等。这些行为构成联合价值创造机制的五个层级，有逐级递进之势。这些互利性行为也可看作联合价值创造的制度安排，即联合价值创造机制。正是在这些联合价值创造机制下，依赖社会资本、互联网连接的服务主体协同网络得以形成并实现价值增值，依赖产品或服务连接规模农户的整个服务供应链的联合价值创造过程得以展开（见图 6-2）。

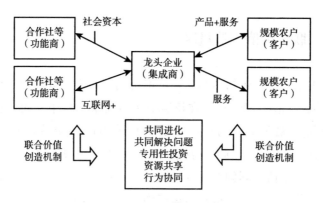

图 6-2　服务供应链联合价值创造过程

（1）行为协同，也称行为一致性。作为功能商、合作社等中介服务组织应按照龙头企业制定的服务规范、服务标准的要求，为规模农户提供专业化服务，并保持该行为的一致性。不仅如此，龙头企业与服务功能商等服务主体的行为应保持协调一致，以确保需求响应的及时性和有效性。

（2）资源共享。联合价值创造过程中，龙头企业与服务功能商结成一个知识、能力和资源共享的共生体，资源共享不仅利于增进共生体的内部互信，也利于协同创造价值，这是一种能力资源互补、协同能力与协同度提升而引致的价值增值。

（3）专用性投资。由于良性互动建立起来的共生关系接近于格兰诺维特提出的"强关系"，这种关系状况在联合价值创造过程中，随着规模服务需求的增加，驱动着龙头企业与服务功能商增加各自的专用性投资。双方增加专用性投资的结果，增强了服务主体对规模农户的依赖，从而增强了其建立稳定的服务供需关系的意愿。服务功能商增加专用性投资的结果，还增强了服务功能商对龙头企业的依赖，不仅合作互动频率更高，也使服务功能商产生更高的协同响应意愿。

（4）共同解决问题。联合价值创造情景下，以龙头企业为集成商的服务主体增加了更好地响应规模农户需求的积极性，不仅促进服务主体与规模农户采取"联合求解行为"解决规模农户当前面临的问题，而且促进服务主体与规模农户采取"联合规划行为"解决规模农户未来的持续发展问题［戴尔和辛格（Dyer & Singh，1998）将关系治理行为概括为联合求解与联合规划两大类］，进一步提高了协同响应的质量和水平。

（5）共同进化。共同进化主要指共生体（服务供应链各主体）在相互依存、相互作用以及共同适应环境中不断进化和发展，包括利益共享以及能力素质的共同提升。共同进化是协同响应、协同创造的价值取向。互惠共生是主体间共同进化的一致方向。唯有共同进化，才能和谐共生；唯有共同进化，才能联合创造价值。共同进化为共生体联合价值创造提供了动力和能力支持。

6.1.5 共生环境诱导机制

共生环境是服务供应链共生体协同共生的重要外部条件。共生环境诱导机制是通过共生体与环境的共生（外共生）对共生体共生（内共生）产生诱导作用并引致共生体共生模式（共生组织模式和共生行为模式）变化的方式、方法和措施。在农业社会化服务实践中，共生环境诱导机制主要表现为政策引导、氛围营造以及良好的社会舆论环境等。

以共生组织模式的变化为例，共生环境诱导机制的作用过程如下：龙头企业与规模农户之间存在的产品（农资）或服务供需关系是双方内共生的最初动因，其关系更多地表现为点共生关系或间歇共生关系；随着环境的诱导（政府对农业社会化服务支撑作用的日益重视，以及农业社会化服务供给侧改革的不断推进），双方加强供需对接与合作——为更好地满足规模农户个性化、综合化、专业化的服务需求，龙头企业积极实施资源整合战略，引入不同类型的服务功能商，通过资源互补、有效配置，协同响应规模农户需求，龙头企业与规模农户之间的关系从间歇共生关系向连续共生关系转变；在环境进一步诱导下（如政府对农业社会化服务供给实行政策补贴，出台政策鼓励服务主体联合合作、促进服务主体高质量发展以及支持专业化市场化农业社会化服务组织培育等），龙头企业与服务功能商也建立起连续共生关系，服务联合体更注重树形象、塑品牌，强化需求响应的供应链协同，服务供应链共生体构建起较稳定的连续共生关系。不仅如此，共生行为模式也在环境诱导下得到优化，最终农业服务供应链建立起连续互惠共生关系。

可见，在共生环境倡导服务主体合作的大背景下，共生体如顺应这一态势，加强彼此之间的合作，则共生环境对共生体起正向激励作用，并推动共生体更好地发展以及农业社会化服务供给质量和效率的提高，此时，又反过来推动政府营造更好的氛围、出台更多的政策支持农业社会化服务供给侧改革向纵深推进。

实践中，农业生产托管服务的出现，发端于"谁来种地、如何种地"等现实国情，发端于"农业劳动力短缺、小农经济经营方式粗放、生产效率低下"等实践窘境，发端于"推进农业适度规模经营、培育新型农业经营主体、促进农业节本增效"等政策环境。在农业服务供给侧改革的背景下，围绕农业生产托管服务，各类"服务队""联合体"等纷纷出现，实现抱团发展，也涌现出不少服务主体与种养农户进行利益捆绑的制度设计和合作模式，例如安徽农服的"331"服务模式和新希望六和的"担保鸡"服务模式，以显著的合作成效有力地回应了政府和社会的关切。随之而来的是，为更好地促进新型农业经营主体和农业生产托管服务发展，国家层面相继出台《关于加快构建政策体系培育新型农业经营主体的意见》《关于大力推进农业生产托管的指导意见》《关于加快发展农业生产性服务业的指导意见》《关于促进小农户和现代农业发展有机衔接的意见》《新型农业经营主体和服务主体高质量发展规划（2020—2022年）》等系列文件，各地政府也出台相应文件予以响应。可以预见，在这些共生环境诱导下，农业生产托管服务以及服务主体之间的合作将获得更大的发展空间。

6.2　服务供应链构建与协同运行的路径选择

6.2.1　推进农业社会化服务外包，促进服务规模化

农业现代化和农业适度规模经营，需要农业社会化服务的强力支撑。规模农户因其规模经营导致更高的外部环境不确定性、农业生产投入成本以及生产技术复杂性、需求响应的及时性，其对服务外包的需求相较于小农户更为强烈。通过农业社会化服务外包，规模农户将不擅长或不经济的环节委托给专业化服务组织完成，自身则专注适合的业务领域，有利于更好地发展自己，实现可持续的规模经营。以龙头企业、合作社等中介服务组织为代表的农业服务供给主体的发展和农业组织化、协作化程度的提高为农业服务外包提供了契机，提高了农业服务外包的供给能力，也增强了对服务需求主体的吸引力。当前，不仅要倡导、推进农业服务外包，还应致力于形成服务规模化的良好局面。只有形成服务规模化，获取规模效益，服务主体之间的联合合作才有动力，服务功能商才愿意加入服务供应链，龙头企业才能获得更多的服务综合效益，承担起服务集成商的重任，才能更好地提高服务供给能力，更好地响应规模农户需求。规模农户越是选择服务外包，越易于形成服务规模化，服务规模化越高，服务供给主体越愿意联合合作提供更好的服务，形成"服务外包—服务规模化—提升响应能力，提供更好的服务—服务外包"的良性循环。因此，要着力营造有利于上述良性循环形成的氛围。

首先，要进一步引导培育懂借力、愿合作的规模农户，从降低成本、减少投资、提升效率等方面，提高规模农户对服务外包的认识，增强其服务外包意愿和行为。其次，要在满足规模农户个性化需求方面下功夫、挖潜力，不断提高服务外包对规模农户的吸引力。例如，在信息、金融、保险、技术等规模农户急需的服务方面下功夫；在为规模农户解决问题、帮助其制定发展规划方面下功夫；在降低服务成本、提高服务响应及时性、提高服务质量和服务水平方面下功夫。再其次，要在与规模农户进行利益捆绑、建立紧密关系上下功夫，让服务外包成为服务主体与规模农户良性互动的契机和纽

带。最后，要积极培育多元服务主体，加强服务主体之间的联合合作，加强服务资源整合，打造资源节约型、资源共享型、价值共创型服务共同体，塑造共同体服务品牌，提高服务响应能力和服务影响力。

6.2.2 强化供应链管理，提高服务供给质量和效率

农业社会化服务供应链作为新形势下服务主体联合合作、协同响应规模农户需求的创新组织形式，对于摆脱传统农业服务供给模式下"各自为政、'单打独斗'，供给缺乏质量和效率"的窘境具有重要意义。农业社会化服务供应链的构建与协同运行，离不开强有力的供应链管理。强化供应链管理，就是要贯彻农业服务供应链管理框架所建立的管理遵循，提高管理效率，发挥组织制度优势，促进供应链各主体，尤其是龙头企业与服务功能商共生协作关系的优化与发展，切实提高农业服务供给质量和效率。

6.2.2.1 积极践行"共生、协同、共创、共赢"理念

供应链管理作为一种建立在"整体观、系统观、协同观"基础上的现代管理模式，在运行中最主要的障碍来自服务主体传统的各自为政观念的阻力，转变观念是实施供应链管理的关键——观念是行动的先导。农业社会化服务供应链是典型的共生链、协同链。龙头企业与服务功能商作为服务供应链中的两个重要供给节点，具有明显的"1＋1＞2"的协同效应。龙头企业如果没有服务功能商的互补性资源支持，要么自身投资巨大、弱化主业，要么服务功能单一，都难以有效满足规模农户个性化需求；服务功能商如果没有加入龙头企业主导的服务供应链，则要么服务单一，要么资源闲置，都只能获取有限的收益。两大服务主体唯有积极转变观念，树立"共生、协同、共创、共赢"理念，从"单打独斗"走向联合合作，服务供应链管理框架构建的需求管理、资源与能力管理、关系管理、订单流程管理、服务绩效管理等管理遵循才能得到有效配合、积极响应，直至变为主动行为、共创行为，才能真正实现协同响应、共创共赢。因此，处于"共生链"的龙头企业与服务功能商应通力协作，共同提高农业服务供给质量和效率，培育并发扬共生协作精神，以服务为共生介质或纽带，以技术、培训、信息、沟通等为手段，增强双方的互动，共同响应，提高服务供应链整体竞争力和绩效。同

时，龙头企业与服务功能商要互惠互利，各得其所，实现"共赢"。唯有"共赢"，唯有合理分享，才能提高双方的依存度、互信度、协同度，增强凝聚力和共创力，实现服务共同体的和谐共生。

6.2.2.2　加强组织链管理

在龙头企业发起构建的"龙头企业（集成商）＋合作社等中介服务组织（功能商）＋规模农户（客户）"型服务供应链中，龙头企业应合理运用"声誉力""专家力""奖赏力"等"渠道权力"以及供应链内部规则，加强组织链管理。合作社等中介服务组织则应提升自身的服务能力，提高供应链协同响应能力。供应链服务质量管理水平、供应链协同响应水平及绩效水平是检验组织链管理水平高低的重要指标。加强组织链管理，需要龙头企业在需求管理、资源与能力管理、关系管理、订单流程管理、服务绩效管理等具体层面强化过程管理，需要合作社等中介服务组织以及规模农户在这些层面增强配合。具体到实践中，就是以龙头企业为核心，加强农机、农技、农资、金融、担保、仓储等不同类型功能商之间的组织与协调，也要加强同类型功能商之间的协调与配合。通过实施服务资源整合、需求信息集成，统一配置服务要素，以服务标准为统领，以行为协同、步调一致为准则，增强组织协同和供应链协同，切实改变"单打独斗"、各自为政的局面，提高服务供给质量和效率。最终，通过强化服务供应链管理，努力打造供应链服务品牌，提高区域影响力和竞争力。

6.2.2.3　加强信息链管理

信息是供应链成员间相互配合、紧密协同的"粘合剂"，信息共享是实现供应链管理的基础。通过高质量的信息传递和共享，理清服务需求的具体情况、服务功能商的服务资源拥有情况、服务任务的调度情况、服务实施的对接落实情况以及服务质量和客户满意度情况，以信息驱动互动、增强互信与协同。实践中的供需信息征集、信息传递很多还停留在较原始的登记簿和电话联系、口头联系上，容易造成信息遗漏、信息不全、传递不及时等情况，应积极创造条件，为服务供应链整合与协同运行提供信息技术支撑。通过计算机网络和信息技术的支撑，构建起供需对接、实时信息共享以及实时跟踪监测的网络平台。龙头企业可以搭建一个类似猪八戒网和114MALL的信息平台，为服务需求方和供给方提供互动的桥梁，龙头企业则进行信息集成和组织协调。通过线上集成、线下服务，畅通供求双方联结通道，提高协同响应速度。

6.2.2.4　加强供应链关系管理

供应链管理作为一种管理思想和管理范式，注重供应链各节点成员间的合作与协调，注重良好合作伙伴关系的构建，通过集成管理成员目标与供应链整体目标，达到系统动态最优目标，最终实现共赢的目的。关系是润滑剂，是软实力。信息技术支撑和网络平台搭建，可以提高对接效率，但服务供应链的构建与协同运行，实质上仍需要依赖成员间良好的合作伙伴关系。资源整合、资源配置以及服务实施过程中面对面的沟通、交流、指导与信息反馈，对增进互信、认同与行为默契具有线上连接不可替代的作用。不仅如此，供应链关系管理强调龙头企业与规模农户、服务功能商之间以持续服务为纽带，以长期契约取代短期契约，持续共创价值，尤其要求龙头企业具有战略眼光和社会责任感，在帮助共生伙伴成功的同时获得自身成功。加强供应链关系管理，就是要以服务质量、信用担保、契约、技术、培训等为共生介质，以利益共享为根本，构建一种龙头企业与其他供应链成员连续互惠共生的准一体化服务组织。特别地，对于既面向规模农户提供农业服务，又收购规模农户农产品作为企业原料来源的龙头企业而言，新型服务供应链的构建与协同运作，将增强新型农产品供应链（规模农户—龙头企业—用户）的战略协同（如持续稳定的安全农产品供给），两者相互促进、相得益彰，最终构建起以农业服务为共生介质、各主体互惠共生的供应链伙伴关系。

6.2.3　推动龙头企业服务转型，提高资源整合能力

农业社会化服务供应链构建的关键在于培育服务集成商，即充当服务供应链核心，起整合集成、资源配置、组织协调作用的龙头企业。目前，全国各地各类农业社会化服务功能商已有一定数量，但农业社会化服务集成商还很不足。对现有的服务集成商而言，应继续发展壮大，充分发挥示范引领作用；在服务供应链管理中应把握管理重点，不断提高供应链管理能力和管理效率；加强对服务功能商的引导，增进双方互动；充分吸纳各参与主体意见

和建议，制定有效的主体行为规制，规避机会主义行为，保障各方利益，如对服务功能商权利和义务的界定、违规的处罚与问责、服务质量的保障、对服务功能商在初次合作后避开集成商直接与规模农户进行业务接洽的防范处理等；提高服务供应链运行规则的透明性、公平性，建立和完善奖优罚劣、优胜劣汰的运行机制。

此外，应加快培育一批服务集成商，这也是农业社会化服务供应链构建的首要任务。从实践来看，服务集成商的培育可选择的路径有两条：一是，在现有的农业社会化服务组织中培育服务集成商，例如各级供销合作社、农资集团等。这类服务企业本身就是为农服务组织，为更好地实现业务拓展，以及出于企业做大做强的需要，因而有动力向服务集成商转型；二是，推动现有的农业产业化龙头企业向服务集成商转型，例如农业产业链上有资金实力、经营管理能力、企业声誉较高且能洞察农业社会化服务领域商机的涉农企业，包括农业种养企业和农产品加工流通企业，例如国家级、省级、市级农业产业化龙头企业等。培育服务集成商过程中，各类涉农龙头企业应秉承资源整合理念，明确"资源整合者"的战略定位，树立"资源不求所有，但求为我所用"的新型资源观和企业发展观；充分利用自身的涉农实力基础、企业声誉、拥有的社会关系网络以及互联网平台支撑等，着力提高服务资源整合能力；充分利用自身的"声誉力、专家力、奖赏力"等渠道权力，吸引不同类型的优质服务功能商和规模农户加入，共建农业社会化服务供应链协同网络，共生共创，共赢共享。还要认识到，龙头企业实现服务转型既是一种组织创新，也是一种战略创新，其转型过程是一个长期渐进的过程，最终实现从单一功能主体向有效整合企业自身及合作社等组织的服务资源、为规模农户成长提供全面解决方案的系统服务提供商转变。

6.2.4　培育专业化服务功能商，提高协同服务水平

专业化服务功能商对于服务供应链的构建与协同运行不可或缺。集成商固然重要，但没有功能商的参与，集成商也没了依托。没有专业化服务功能商的参与，协同响应的质量和水平也大打折扣。因此，应大力培育一批具有较强合作意识、创新意识、服务意识、专业服务水平的合作社等中介服务组织，将其塑造成以顾客需求为导向的专业化服务功能商。

具体措施包括：加强农业社会化服务资源整合集成的宣传引导，提高服务组织对协同响应服务收益的预期，提高服务组织对提升服务水平的认识，拓展服务组织视野和格局，促进服务组织从"单打独斗"型向共生协同型转变；服务组织应注重增强与龙头企业及服务组织之间的互动、共享信息、加强服务经验和技能学习，提升服务能力，增进供应链协同；服务组织应积极发展与集成商互补型、增强型服务资源，适度拓展服务领域，适当进行一定的专用性投资，增进供应链协同；服务组织应强化服务标准意识，遵守服务行为规范，与供应链保持步调一致、行为一致，增进供应链协同。

当前，应重点围绕规模农户购买服务较多的农资服务、农机服务等领域规范提升一批专业服务功能商，围绕包装、仓储、加工等领域发展壮大一批专业服务功能商，围绕金融、保险、担保等领域巩固拓展一批专业服务功能商。总之，通过社会关系网络获取、市场选择等途径，着力构建专业服务功能商资源库，并根据规模农户需求，有针对性地遴选一批互补性强、合作意愿强、服务质量优的专业服务功能商，强化合作主体间的关系质量，不断提高供应链协同服务水平。

6.2.5 营造正向共生环境，促进供应链高质量发展

农业社会化服务生态系统的构建，也需要政府、社会等多元主体的大力支持和积极参与，为农业社会化服务的创新发展营造正向共生环境。正向共生环境为各类主体的联合合作提供了正向激励，对农业社会化服务供应链的发展有着重要的促进作用。

政府应做好农业社会化服务供给侧改革、农业社会化服务外包、农业社会化服务创新发展的宣传引导和氛围营造，鼓励引导规模农户和服务主体积极参与农业社会化服务，鼓励服务主体联合发展、集成发展，充分调动社会各界支持服务主体发展的积极性。

推进落实通过政府购买服务、以奖代补等方式，培育农业服务集成商、专业化服务功能商；支持在农业生产、烘干仓储、冷藏保鲜、加工销售等环节开展联合与合作，完善利益联结机制，构建利益共享的服务联合体；鼓励、引导建立农业社会化服务综合平台，促进服务资源整合。

鼓励服务联合体根据规模农户的个性化需求，本着双方自愿、友好协商

原则，签订服务合同，约定服务内容、服务质量、服务费用、权利义务以及违约责任，提供一对一的精细化服务；鼓励服务联合体主动与规模农户互动对接，开展生产计划、中长期发展等咨询式服务，满足规模农户持续发展的需求。

　　将支持农业社会化服务组织创新与服务供应链构建与协同运行有机结合起来，并落实对接到各参与主体。具体举措包括：对服务供应链中提供、接受农业社会化服务的服务主体、规模农户分别给予适当补贴，推进农业适度规模经营和服务规模化；结合区域实际，加快特定地区（如山地丘陵地区）耕地宜机化整治，推进农业适度规模经营，促进农业服务规模化；开展面向规模农户和服务主体的农业全产业链生产技能、服务技能培训，提高生产经营能力和服务能力；贯彻落实中央有关文件要求，将分拣包装、保鲜冷藏、仓储晾晒、农机库房等支撑种养农业发展的配套建设用地纳入农用地管理，保障规模农户和服务主体的合理用地需求；采用贷款贴息、信贷担保、以奖代补等方式，支持符合条件的规模农户和服务主体兴建生产服务设施、扩大生产规模；推动农业设施、土地经营权等依法进行抵押融资；推动设立财政支持规模农户和服务主体融资担保风险补偿基金。总之，政府要建立健全支持规模农户和服务主体成长的政策体系，促进服务供应链高质量发展。

附录

附件1 规模农户农业社会化服务需求状况的调查问卷
——家庭农场、专业大户调查问卷

尊敬的朋友：

您好！为准确把握新形势下家庭农场、专业大户等规模农户对农业社会化服务（主要指农业经营性社会化服务）的需求状况，我们特进行此项调研。请您协助我们做好本次调查，您对调查问卷所做的选择对学术研究十分重要。该问卷不记名，答案没有对错之分，恳请您真实作答，在选项打"√"或空格中填上相应信息。您填写的所有资料，我们将严格保密。

非常感谢您的支持和帮助！

课题组

调查地点：_____省（区、市）_____市（区、县）_____镇（乡、街道）_____村

规模农户姓名_____　　　　　　电话_____

调查员_____　班级_____　　调查时间_____

调查对象：从事种植业、养殖业的家庭农场和专业大户

一、规模农户基本情况

1. 您的年龄（　　　）；性别（　　　）；是不是农业生产的主要决策者。（A. 是　B. 否）

2. 您的文化程度（　　　）；家庭成员最高文化程度（　　　）。

A. 文盲　　　　B. 小学　　　　C. 初中　　　　D. 高中

E. 大专及以上

3. 家庭人口数（　　），其中以农业为主业的人数（　　）。

4. 您的种植规模是（　　）亩，或，养殖规模是（　　）（头、只、亩）。

5. 您的农业规模经营年收入。

A. 30 万元以下　　　　　　　　　B. 30 万 ~ 50 万元

C. 50 万 ~ 100 万元　　　　　　　D. 100 万元以上

6. 您主要从事的农业生产领域是：（　　）（选择最主要的一项，并请在细项上打"√"）。

A. 粮、油、茶叶　　　B. 蔬菜　　　　　　C. 水果

D. 畜禽（奶业、生猪、鸡、鸭、牛、羊、兔、其他）

E. 水产品　　　　　　F. 其他_____

7. 您从事规模种植、养殖至今有几年历史？

A. 1 ~ 2 年　　　B. 3 ~ 4 年　　　C. 5 ~ 6 年　　　　D. 7 年以上

8. 您是否参加了农民专业合作社？

A. 是　　　　　B. 否

二、规模农户对农业社会化服务需求情况（专门调查需求意向）（自我服务情况）

9. 您认为当前要提高农业生产经济效益，最重要的资源和能力是什么？

按重要性排序：1.　____　2.　____　3.　____。

A. 种（畜禽）苗

B. 农业生产专业技术（生产计划、田间管理、专项技术）

C. 资金　　　　　D. 保险　　　　E. 市场信息　　　F. 销售技巧

G. 其他_____

10. 您在生产中如何取得以上资源？

A. 自有

B. 部分自有，部分与其他农户共享

C. 与其他农户小范围共享

D. 由当地龙头企业提供

E. 由当地合作社提供

F. 由专业服务组织提供

11. 您对目前的资源现状是否满意？

A. 满意　　　　B. 一般　　　　C. 不满意

12. 您对获取以上服务资源感到不满意的原因（可多选）。

A. 农忙时与他人冲突　　　　B. 不及时

C. 短缺　　　　D. 成本高

E. 需要联系不同的供应方

13. 您对农业社会化服务的需求程度（请在对应的空格内打"√"）。

农业社会化服务	无需求	有一定需求	急需
A. 农资供应（种子化肥农药等）			
B. 农机服务（插秧机、收割机等）			
C. 技术服务（种养殖技术指导培训）			
D. 田间管理（农作物灌溉、病虫害防治）			
E. 包装、仓储、加工			
F. 收购、销售			
G. 信息服务			
H. 金融服务（贷款、融资担保）			
I. 保险服务			
J. 种（畜禽）苗提供			
K. 生产计划安排			
L. 基础设施建设（水利设施、种养大棚）			

14. 您认为是否需要专门的专业化服务组织提供服务？

A. 是的，很需要　　　　B. 不需要

15. 您周围有这样的专业化服务组织吗？

A. 没听说过　　　　B. 也许有，不清楚

C. 有，但不大了解　　　　D. 有，了解

16. 如果有专业化服务组织为您提供急需的服务，但是需要收取费用，您愿意购买吗？

A. 不愿意（继续回答 17 题）

B. 可以购买，看情况（跳转至 18 题）

C. 已经购买（跳转至 19 题）

17. 您不需要专业化服务的原因（跳转至 31 题）。

A. 可以自行解决　　　B. 信不过　　　C. 找不到，感觉麻烦

18. 您如果购买农业社会化服务，以下四个选项请按重视程度排序：

1. ＿＿ 2. ＿＿ 3. ＿＿ 4. ＿＿（跳转至31题）。

    A. 价格　　　　　B. 信用、口碑　C. 实力　　　　　D. 服务水平

19. 您获取服务信息的<u>首要途径</u>。

    A. 农户交流　　　　　　　　B. 培训会

    C. 合作社等相关组织　　　　D. 龙头企业

    E. 报纸广播电视等传统媒体　F. 互联网

    G. 农村电商服务站

三、规模农户与农业服务组织合作基本情况（专门调查已购买的，购后的评价）

20. 您曾经购买过的农业社会化服务有哪些？（多选）

    A. 农资服务　　　　　B. 农机服务　　　　　C. 技术服务

    D. 田间管理（农作物灌溉、病虫害防治）

    E. 包装、仓储、加工　F. 收购、销售　　　　G. 信息服务

    H. 金融服务　　　　　I. 保险服务　　　　　J. 种（畜禽）苗提供

21. 您获得服务的供给主体是（排序前3位）：1. ＿＿ 2. ＿＿ 3. ＿＿。

    A. 合作社　　　　　　　　　B. 经营性农业服务组织

    C. 龙头企业　　　　　　　　D. 家庭农场

    E. 金融机构　　　　　　　　F. 其他，请注明＿＿＿＿

22. 您获取农业服务的主要方式。

    A. 由不同服务供应方单独提供

    B. 由几个服务供应方联合提供

    C. 由一个龙头企业提供集成服务（龙头企业牵头进行整合与组织协调，其他各服务组织参与某一具体服务的提供）

23. 为您服务的企业或个体来自区域（区、县）。

    A. 本区域居多　　　　　　　B. 外区域居多

    C. 本区域、外区域差不多

24. 您与服务供应组织的合作是以下哪种情况？

    A. 随机的　　　　　　　　　B. 合作中有中断

    C. 连续合作

25. 您选择服务供应组织主要是出于？（可多选）

A. 随大流　　　B. 服务费用低　　C. 服务质量好　　D. 服务项目全面

E. 省心　　　　　F. 其他_____

26. 您觉得何种购买方式更好？

A. 有需要才买，单次价格相对较高（市场价）

B. 购买短期服务（月费或季费），单次价格不高于市场价

C. 购买年费，单次价格（比月费或季费）更低

27. 您对过去购买的农业社会化服务的评价（请在对应的空格内打"√"）。

评价项目	A. 非常满意	B. 满意	C. 一般	D. 不太满意	E. 很不满意
总体评价					
服务及时					
服务低成本					
服务专业性					
服务项目全面					

28. 您最看重服务质量的顺序是 1. ____ 2. ____ 3. ____ 4. ____ 。

A. 服务及时　　　B. 服务低成本　　C. 服务优质　　　D. 服务项目全面

29. 您所希望的服务供需双方关系。

A. 一次性的交易　　　　　　　B. 严格按合同办事

C. 增进互信，建立长期关系

30. 您希望获取农业服务的方式。

A. 由不同的服务供应方单独提供

B. 由几个服务供应方联合提供

C. 由一个龙头企业提供集成服务（龙头企业牵头进行整合、组织协调与任务调度，其他各服务组织按龙头企业安排参与某一具体服务的提供）

四、其他

31. 您认为农民专业合作组织应该发挥哪些中介组织作用？（可多选）

A. 直接提供服务　　　　　　　B. 牵线搭桥

C. 帮助谈判　　　　　　　　　D. 监督生产

E. 其他_____

32. 您认为政府在农业社会化服务方面应重点做什么？（排序前4位）

1. ＿＿＿ 2. ＿＿＿ 3. ＿＿＿ 4. ＿＿＿。

　A. 财政补贴　　B. 财政贴息　　C. 设立担保基金　D. 风险补偿

　E. 促进土地流转

33. 您今后是否打算：

　是否有扩大经营规模（数量上）的打算？　　　　　A. 是　B. 否

　是否有扩大经营范围（品种上）的打算？　　　　　A. 是　B. 否

　是否考虑进一步加强与服务供应组织的合作以实现共同发展？

　　　　　　　　　　　　　　　　　　　　　　A. 是　B. 否

附件2　农业社会化服务企业（组织）协同响应意愿（状况）的调查问卷

——农业社会化服务企业（功能商）调查问卷

尊敬的企业领导：

您好！为更好地响应家庭农场、专业大户等规模农户的需求，提高涉农企业农业社会化服务水平，我们正在进行一项有关农业社会化服务企业（组织）协同响应意愿的调查。为获得相关信息，请您协助我们做好这次调查，您对调查问卷所做的选择对学术研究十分重要。该问卷不记名，答案没有对错之分，恳请您真实作答，在选项中打"√"或空格中填上相应信息。您填写的所有资料，我们将严格保密。

非常感谢您的支持和帮助！

课题组

调查省份_____　市_____　区（县）_____

调查员_____　班级_____　调查时间_____

农业社会化服务企业（组织）名称 _____

联系电话_____

被调查人：_____　职务_____

调查对象：企业高层管理者；农业社会化服务企业（组织）是指农业服务供给主体中除龙头企业之外的各类主体，这类主体往往只能提供单项服务，承担功能商角色，主要包括合作社及其他中介服务组织。

一、企业基本情况

1. 企业地处位置。

A. 省城　　　　B. 地级市　　　　C. 县城　　　　D. 村镇

2. 企业（组织）的性质。

A. 国有　　　　B. 集体　　　　C. 民营　　　　D. 股份制

E. 农民互助性经济组织

3. 企业（组织）2017年销售（营业）收入。

A. 500万元以下　　　　　　B. 500万~1000万元

C. 1000万~5000万元　　　　D. 5000万元以上

4. 企业（组织）负责人文化程度。

A. 初中及以下　　B. 高中　　　　C. 大专及本科　　D. 研究生

5. 企业为规模农户提供服务有（　　）年历史。

A. 1～2年　　　　B. 3～4年　　　　C. 5～6年　　　　D. 7年以上

二、企业提供农业社会化服务情况

6. 企业曾为规模农户提供的服务有（如多选，排序前三位）1. ＿＿
2. ＿＿　3. ＿＿。

A. 农资供应　　　　　　B. 农机服务　　　　　C. 技术服务

D. 田间管理（农作物灌溉、病虫害防治）

E. 包装、仓储、加工　　F. 收购、销售　　　　G. 信息服务

H. 金融服务　　　　　　I. 保险服务　　　　　J. 种苗提供

K. 生产计划安排

L. 基础设施建设（水利设施、种养大棚）

M. 其他，请注明＿＿＿＿＿＿＿＿＿＿＿

7. 企业向规模农户发布服务供给信息的途径（如多选，排序前三位）
1. ＿＿　2. ＿＿　3. ＿＿。

A. 直接通知农户　　　　　B. 培训会

C. 合作社等相关组织　　　D. 农村电商服务站

E. 报纸广播电视等传统媒体　F. 互联网

8. 提供同一类服务的同行企业在本地（企业所在区县）的多少。

A. 没有　　　　B. 不多　　　　C. 一般　　　　D. 较多

E. 很多

9. 企业向区域（企业所在区县）外的规模农户提供农业服务吗？

A. 没有　　　　B. 不多　　　　C. 一般　　　　D. 较多

E. 很多

10. 企业与规模农户之间的关系。

A. 不考虑以后怎样，只做一次交易

B. 纯粹服务供需关系（只提供服务，不涉及其他）

C. 以服务为纽带，多方位交流、合作关系

11. 对目前为规模农户服务的现状，企业是否满意？

评价项目	A. 很不满意	B. 不太满意	C. 一般	D. 较为满意	E. 非常满意
总体评价					
服务项目全面性					
服务及时性					
服务专业性					
服务农户数量					
与农户关系					
农户需求量大小					
服务持续性					
服务的经济效益					
品牌声誉提升					

12. 企业应从哪些方面提升农业社会化服务水平（按重要性排序）

1. ＿＿＿ 2. ＿＿＿ 3. ＿＿＿。

A. 积极参与龙头企业发起的服务资源整合

B. 把单项服务做专做优

C. 加强与规模农户的沟通

D. 加强与集成商的信息共享和协同

E. 其他＿＿＿＿＿＿

三、企业与龙头企业（集成商）的协同响应：意愿与行为

13. 企业与龙头企业（集成商）有过合作吗？

A. 有 　　　　　B. 没有（跳至 16 题）

14. 企业与龙头企业（集成商）的合作状况。

A. 刚开始 　　　　B. 合作中有中断 　　　　C. 连续合作

15. 企业对目前与龙头企业的合作状态是否满意？（接 17~22 题）

评价项目	A. 很不满意	B. 不太满意	C. 一般	D. 满意	E. 非常满意
总体评价					
与集成商的关系					
服务规模效应					
服务品牌效应					
信息的及时性					
服务收益分配					
合作持续性					

16. 企业未来是否愿意与龙头企业（集成商）合作？

    A. 愿意   B. 不愿意（跳转至23题）

17. 企业（打算）与龙头企业（服务集成商）合作的原因（从自身角度，可多选）。

    A. 降低搜寻成本   B. 获取服务规模效应

    C. 获取服务品牌效应   D. 更好地响应规模农户需求

    E. 提高服务收益

    F. 改变"单打独斗"、各自为政的局面，提高服务供给质量和效率

    G. 其他_____

18. 企业愿意与龙头企业（服务集成商）合作的关键原因（整体考虑，排序前三位）1. ____ 2. ____ 3. ____。

    A. 龙头企业的整合集成能力   B. 自身具备一定的服务资源和能力

    C. 良好的合作意识   D. 增加服务收益

    E. 政府的政策引导   F. 信息平台的支撑

    G. 其他_____

19. 企业（打算）选择与龙头企业（服务集成商）合作，主要考虑的因素（对龙头企业的期望，可多选）。

    A. 龙头企业经营实力   B. 龙头企业声誉

    C. 能合理分配收益   D. 龙头企业的整合集成能力

    E. 距离较近   F. 未做考虑

20. 企业与龙头企业（服务集成商）之间的利益分配取决因素。

    A. 龙头企业自主决定   B. 严格按合同办事

    C. 建立合理分享的利益分配机制

21. 企业认为龙头企业（集成商）应采取哪些措施引导自身提供优质服务（排序前三位）1. ____ 2. ____ 3. ____。

    A. 处罚   B. 加强沟通   C. 制定标准   D. 培训指导

    E. 额外奖励

22. 企业与龙头企业（集成商）之间的合作行为哪些是必需的？（可多选）

    A. 多方位交流互动   B. 行为一致性

    C. 信息等资源共享   D. 共同解决问题

    E. 共赢共享（共同合作提高收益，合理分享收益）

23. （接 16 问）企业若不愿意与龙头企业（集成商）合作，原因是（排序前三位）1. ____ 2. ____ 3. ____ 。

    A. 对服务收益不看好   B. 分散精力、受约束

    C. 没有合适的龙头企业   D. 没经历过，不了解

    E. 没有相关政策扶持   F. 其他_____

四、其他情况

24. 您认为政府在支持农业社会化服务建设中应重点做好哪些工作？（排序前三位）1. ____ 2. ____ 3. ____ 。

    A. 加强构建农业社会化服务体系的宣传引导

    B. 加强监督、管理

    C. 加强土地流转，促进规模经营

    D. 补贴农户

    E. 扶持服务企业

    F. 推动农民专业合作社建设

    G. 其他_____

25. 企业对当地政府在农业社会化服务建设中发挥的作用是否感到满意？

    A. 很不满意   B. 不满意   C. 一般   D. 较为满意

    E. 非常满意

26. 企业是否打算：

进一步提高农业社会化服务水平？   A. 是 B. 否

进一步加强与龙头企业（集成商）及规模农户的合作？   A. 是 B. 否

向集成商转型（自己充当集成商）？   A. 是 B. 否

附件 3　龙头企业服务转型与协同响应意愿的调查问卷

——龙头企业（集成商）调查问卷

尊敬的企业领导：

您好！为更好地响应家庭农场、专业大户等规模农户的需求，提高涉农企业农业社会化服务水平，我们正在进行一项有关龙头企业服务转型与协同响应意愿的调查。为获得相关信息，请您协助我们做好这次调查，您对调查问卷所做的选择对学术研究十分重要。该问卷不记名，答案没有对错之分，恳请您真实作答，在选项中打"√"或空格中填上相应信息。您填写的所有资料，我们将严格保密。

非常感谢您的支持和帮助！

课题组

调查省份_____　市_____　区（县）_____

调查员_____　班级_____　调查时间_____

龙头企业名称 _____　联系电话_____

被调查人：_____　职务_____

调查对象：企业高层管理者；龙头企业是指经认定的国家级、省级、市级、区（县）级农业产业化龙头企业（加工、流通企业），或具备一定规模和实力的农业社会化服务组织。

概念界定：

（1）服务转型，一是指农业产业化龙头企业从原料收购商向农业社会化服务提供商、服务资源整合集成商转型（或原料收购商与服务集成商并重，如成立一个农业服务部门）；二是指具备一定规模和实力的农业社会化服务企业（组织）向服务资源整合集成商转型。

（2）服务集成商，即已转型或打算转型的龙头企业，由其牵头进行服务资源整合、组织协调与任务调度，其他各服务组织（功能商）按龙头企业统一安排，提供某一具体服务。

（3）服务功能商，是指龙头企业之外的、其他提供单项服务的农业社会化服务组织，包括合作社及其他专业服务组织。

第一部分　龙头企业协同响应意愿调查

一、企业基本情况

1. 企业地处位置。

A. 省城　　　　B. 地级市　　　　C. 县城　　　　D. 村镇

2. 企业的性质。

A. 国有　　　　B. 集体　　　　C. 私营　　　　D. 外资

E. 股份制

3. 企业是下列哪一级（类）龙头企业。

A. 国家级　　　B. 省级　　　　C. 市级　　　　D. 区县（市）级

E. 具备一定规模和实力的农业社会化服务企业

4. 企业主要涉农经营领域（　　　）（有细项的，请在细项上打"√"）。

A. 粮、油、茶叶　　　　B. 蔬菜　　　　　　C. 水果

D. 畜禽（奶业、生猪、鸡、鸭、牛、羊、兔，其他）

E. 水产品　　　　　　F. 农业社会化服务　　　G. 其他_____

5. 企业 2017 年销售（营业）收入。

A. 500 万元以下　　　　　　B. 500 万 ~ 1000 万元

C. 1000 万 ~ 5000 万元　　　D. 5000 万 ~ 1 亿元

E. 1 亿元以上

6. 企业负责人文化程度。

A. 初中及以下　　B. 高中　　　　C. 大专及本科　　D. 研究生

二、企业提供农业社会化服务情况（提供过没有？没有的话，有无转型、协同意愿）

7. 企业曾为规模农户提供的服务有（如多选，排序前三位）1.____
2.____ 3.____。

A. 农资供应服务　　　B. 农机服务　　　　　　C. 技术服务

D. 田间管理（农作物灌溉、病虫害防治）

E. 包装、仓储、加工　　F. 收购、销售　　　　G. 信息服务

H. 金融服务　　　　　I. 保险服务　　　　　　J. 种苗提供

K. 生产计划安排　　　L. 基础设施建设（水利设施、种养大棚）

M. 其他，请注明_____   N. 未提供服务（跳转至 14 题）

8. 企业发布服务信息给农户的途径是（如多选，排序前三位）1. ____ 2. ____ 3. ____。

    A. 直接通知农户　　　　　　　B. 培训会

    C. 通过合作社等相关组织传达　　D. 农村电商服务站

    E. 报纸广播电视等传统媒体　　　F. 互联网

9. 企业提供农业服务的方式。

    A. 以自身拥有的服务资源向规模农户提供服务

    B. 联合不同服务供应方共同向规模农户提供服务

    C. 作为龙头企业提供集成服务（龙头企业牵头进行整合、组织协调与任务调度，其他各服务组织按龙头企业统一安排，提供某一具体服务）

10. 提供同一类服务的同行企业在本地（企业所在区县）的多少。

    A. 没有　　　　B. 不多　　　　C. 一般　　　　D. 较多

    E. 很多

11. 企业向区域（企业所在区县）外的规模农户提供农业服务的多少。

    A. 没有　　　　B. 不多　　　　C. 一般　　　　D. 较多

    E. 很多

12. 对目前为规模农户服务的现状，企业是否满意？

评价项目	A. 很不满意	B. 不太满意	C. 一般	D. 较为满意	E. 非常满意
总体评价					
服务项目全面性					
服务及时性					
服务专业性					
服务农户数量					
与农户关系					
农户需求量大小					
服务持续性					
服务的经济效益					
品牌声誉提升					

13. 企业与规模农户之间的关系。

A. 不考虑以后怎样，只做一次交易

B. 纯粹服务供需关系（只提供服务，不涉及其他）

C. 以服务为纽带，多方位交流、合作关系

14. 企业是否打算向服务集成商转型（龙头企业牵头进行整合、组织协调与任务调度，其他各服务组织按龙头企业统一安排，提供某一具体服务）？

A. 完全不考虑　　B. 暂时不考虑　　C. 以后会考虑　　D. 正在规划

E. 已明确转型目标

15. 影响企业转型意愿的原因（可多选）。

A. 管理者的战略眼光

B. 农户对服务的需求量

C. 可供整合的功能商（合作社及其他专业服务组织）数量

D. 信息平台支撑

E. 企业的服务资源整合能力

F. 经济效益

G. 社会效益（企业形象、市场地位、政府扶持等）

H. 其他原因，请注明＿＿＿＿＿＿＿＿＿＿＿＿＿＿

三、企业与功能商的协同响应：意愿与行为

16. 企业与服务功能商有过合作吗？

A. 有（接 17 题）　　　B. 没有（跳至 19 题）

17. 企业与服务功能商的合作状况。

A. 刚开始　　　　　　B. 合作中有中断　　　　　　C. 连续合作

18. 企业对目前合作状态的评价。

评价项目	A. 很不满意	B. 不太满意	C. 一般	D. 满意	E. 非常满意
总体评价					
与功能商的关系					
服务资源整合					
供需信息收集					
服务信息平台					
服务收益					
功能商服务及时性					
功能商服务专业性					

19. 若以前没有合作，企业是否愿意与服务功能商开展合作？

A. 愿意（接 20 题）　　　　　　B. 没想过（转至 26 题）

C. 不愿意（转至 27 题）

20. 企业愿意与服务功能商合作的原因（可多选）。

A. 政府的号召　　　　　　　　B. 服务资源的互补性

C. 更好地响应农户需求　　　　D. 提高服务能力

E. 提高服务收益

F. 改变"单打独斗"、各自为政的局面，提高服务供给质量和效率

G. 其他_____

21. 企业如何挑选合作的服务功能商（可多选）。

A. 诚信与口碑　　B. 从业年限　　　C. 服务互补性　　D. 服务质量意识

E. 距离较近　　　F. 未做考虑

22. 企业与服务功能商之间的利益分配因素。

A. 企业自主决定　　　　　　　B. 严格按合同办事

C. 建立合理分享的利益分配机制

23. 企业对服务功能商是否制定了相应的服务标准？

A. 没有标准　　　　　　　　　B. 有一般化标准

C. 有较详细的标准　　　　　　D. 有严格正式的标准

24. 企业主要采取哪些措施引导功能商提供优质服务（排序前三位）

1. ____ 2. ____ 3. ____。

A. 处罚　　　　B. 制定标准　　　C. 教育培训　　　D. 现场指导

E. 额外奖励

25. 企业与服务功能商之间的合作行为哪些是必需的？（可多选）

A. 多方位交流互动　　　　　　B. 行为一致性

C. 信息等资源共享　　　　　　D. 共同解决问题

E. 共赢共享（共同合作提高收益，合理分享收益）

26. 企业在未来是否可能牵头整合农业服务资源，加强与功能商合作？

A. 有可能　　　B. 不会（转至 27 题）

27. 若企业不愿意与服务功能商开展合作，其原因是（排序前三位）

1. ____ 2. ____ 3. ____。

A. 不看好　　　　　　　　　　B. 分散精力，影响企业主业的发展

C. 不好管理   D. 没有资金技术和人才

E. 没做过   F. 没有相关政策扶持

G. 其他＿＿＿＿

四、其他情况

28. 企业对当地政府在农业社会化服务建设中发挥的作用是否感到满意？

A. 很不满意   B. 不满意   C. 一般   D. 较为满意

E. 非常满意

29. 企业认为政府在支持农业社会化服务建设中应重点做好哪些工作（排序前三位）

1. ＿＿＿ 2. ＿＿＿ 3. ＿＿＿。

A. 加强构建农业社会化服务体系的宣传引导

B. 加强监督、管理

C. 加强土地流转，促进规模经营

D. 补贴农户

E. 扶持企业

F. 推动农民专业合作社建设

G. 其他＿＿＿＿

30. 企业是否打算：

进一步提高农业社会化服务水平？   A. 是   B. 否

进一步加强与功能商及规模农户的合作？   A. 是   B. 否

认为企业向为规模农户提供全面解决方案的系统服务集成商、提供商转变是一个长期渐进的过程？   A. 是   B. 否

问卷调查第一部分到此结束。如果您的企业已转型为服务集成商，请您耐心完成第二部分的问卷，如没有，则到此结束。非常感谢您的支持与合作！

第二部分　量表题项评价

以下各题项分别是对农业社会化服务供应链整合机制（包括资源配置机制、激励约束机制、沟通互动机制）、农业社会化服务供应链整合信息技术、协同网络（网络合作强度、网络开放性、网络异质性、网络规模）、服务绩效的描述，请结合您企业运行的真实情况对下列题项进行打分，并在相符合

的分值上打"√"，分值代表意义如下：

　　1——完全不同意；　　2——有些不同意；　　3——中立；

　　4——有些同意；　　　5——完全同意。

变量维度测量题项	完全不同意	有些不同意	中立	有些同意	完全同意
（一）供应链整合机制——资源配置机制					
1. 我们能够识别服务功能商的价值	1	2	3	4	5
2. 我们能够从功能商处获取服务资源	1	2	3	4	5
3. 我们能够将功能商的服务资源与规模农户的需求进行对接	1	2	3	4	5
4. 我们能够有效调度资源，充分发挥资源效用	1	2	3	4	5
（二）供应链整合机制——激励约束机制					
1. 我们构建的农业社会化服务供应链运作过程遵循标准化和透明化原则（程序公平）	1	2	3	4	5
2. 我们能够合理分配收益（结果公平）	1	2	3	4	5
3. 对服务质量和服务信誉较高的服务功能商，我们给予其更多的服务订单	1	2	3	4	5
4. 我们签订有关于服务供应链合作伙伴责权利的合同条款	1	2	3	4	5
5. 我们建立有对服务功能商服务水平进行评级的机制（主要依据：规模农户对服务满意程度的评价），以此决定伙伴关系是否延续	1	2	3	4	5
6. 针对合作伙伴可能出现的投机行为，我们制定有让其失去已有业务、损失声誉、失去共享资源的惩罚性措施	1	2	3	4	5
（三）供应链整合机制——沟通互动机制					
1. 我们建立有与供应链伙伴进行沟通的通道和关系维护的机制	1	2	3	4	5
2. 我们向服务功能商或规模农户提供可能帮助他们的任何信息（如农业服务实时信息、市场信息、技术信息、知识经验）	1	2	3	4	5
3. 我们与供应链伙伴之间互相告知可能会给对方造成影响的事件或变化	1	2	3	4	5
4. 我们与供应链伙伴之间经常进行面对面的沟通和制订计划	1	2	3	4	5
（四）供应链整合信息技术					
1. 我们建设有相互联系的内部网络	1	2	3	4	5
2. 我们通过互联网技术整合集成功能商的服务供给信息	1	2	3	4	5

续表

变量维度测量题项	完全不同意	有些不同意	中立	有些同意	完全同意
3. 我们通过互联网技术整合集成规模农户的服务需求信息	1	2	3	4	5
4. 我们通过网络实现数据的整合和实时信息的共享	1	2	3	4	5
（五）网络合作强度					
1. 我们与供应链伙伴交往频繁	1	2	3	4	5
2. 我们与供应链伙伴在多个层面展开协同	1	2	3	4	5
3. 我们觉得可以完全信任对方，且愿意作出一些承诺	1	2	3	4	5
4. 我们与供应链伙伴能实现专有信息（机密信息）的共享	1	2	3	4	5
（六）网络开放性					
1. 我们能够与不同区域的服务供应商进行广泛的联系	1	2	3	4	5
2. 我们能够与不同行业的服务供应商进行广泛的联系	1	2	3	4	5
3. 我们能够与不同实力的服务供应商进行广泛的联系	1	2	3	4	5
4. 我们构建的合作网络具有吸引性	1	2	3	4	5
（七）网络异质性					
1. 我们能够实现不同类型的服务功能商的多样性、互补性	1	2	3	4	5
2. 我们能够实现同一类型的服务功能商之间的技术、知识、经验的共享和优势互补	1	2	3	4	5
3. 我们能够吸纳服务功能商对各种服务方案的不同意见，作出高质量的决策	1	2	3	4	5
（八）网络规模					
1. 我们合作伙伴中，参与的规模农户数量可观	1	2	3	4	5
2. 我们合作伙伴中，提供农资服务的功能商数量可观	1	2	3	4	5
3. 我们合作伙伴中，提供农机服务的功能商数量可观	1	2	3	4	5
4. 我们合作伙伴中，提供技术服务的功能商数量可观	1	2	3	4	5
5. 我们合作伙伴中，提供融资担保服务的功能商数量可观	1	2	3	4	5
6. 我们合作伙伴中，提供其他服务的功能商数量可观	1	2	3	4	5
（九）服务绩效					
1. 我们能够提高规模农户的服务满意度	1	2	3	4	5
2. 我们能够降低规模农户的服务支出成本	1	2	3	4	5
3. 我们和服务功能商的社会声誉都有所提升	1	2	3	4	5
4. 我们和服务功能商各自的整体服务收益都有所增加	1	2	3	4	5

参 考 文 献

[1] 蔡荣, 刘婷. 合作社内源性资本供给的成员合作意愿及影响因素——以鲁陕 2 省 320 户果农社员为例 [J]. 财贸研究, 2019 (1): 74 - 86.

[2] 陈建华, 马士华. 供应链整合管理的实现机制与技术解决方案 [J]. 工业工程与管理, 2006 (1): 23 - 31.

[3] 陈金亮. 产品供应能力、服务集成能力与合作绩效的关系研究: 服务供应链的视角 [J]. 经济管理, 2012 (4): 50 - 58.

[4] 陈晓华. 现代农业发展与农业经营体制机制创新 [J]. 农业经济问题, 2012 (11): 4 - 16.

[5] 程莹莹, 张开华. 龙头企业创新农业社会化服务模式的探索与启示——以湖北省老农民高新农业科技有限公司为例 [J]. 农村经济, 2015 (4): 116 - 119.

[6] 杜云飞, 吕荣杰, 李子彪等. 农业产业创新网络特性与创新绩效关系的实证分析 [J]. 河北工业大学学报, 2014 (3): 113 - 118.

[7] 杜志雄. 农业生产性服务业发展的瓶颈约束: 豫省例证与政策选择 [J]. 东岳论丛, 2013 (1): 144 - 149.

[8] 樊亢, 戎殿新. 论美国农业社会化服务体系 [J]. 世界经济, 1994 (6): 4 - 12.

[9] 冯娟娟, 霍学喜. 成员参与合作社治理行为及其影响因素——基于 273 个苹果种植户数据的实证分析 [J]. 农业技术经济, 2017 (2): 72 - 81.

[10] 高峰, 赵密霞. 美国、日本、法国农业社会化服务体系的比较 [J]. 世界农业, 2014 (2): 35 - 38.

[11] 高强, 孔祥智. 我国农业社会化服务体系演进轨迹与政策匹配: 1978 - 2013 [J]. 改革, 2013 (4): 5 - 18.

[12] 葛宝山, 董保宝. 基于动态能力中介作用的资源开发过程与新创企业绩效关系研究 [J]. 管理学报, 2009 (4): 520 - 526.

［13］葛亮，张翠华．供应链协同技术与方法的发展［J］．科学学与科学技术管理，2005（6）：151－154.

［14］关锐捷．构建新型农业社会化服务体系初探［J］．农业经济问题，2012（4）：4－10.

［15］韩剑萍，李秀萍．农业社会化服务的农户需求意愿与现实供给——基于四川省296个样本农户的调查数据［J］．山西农业大学学报（社科版），2018（4）：38－46.

［16］韩正涛，张悟移．供应链协同创新中知识转移的收益共享机制［J］．计算机工程与应用，2019（7）：1－11.

［17］侯雅莉，周德群．供应链运作效率影响因素的实证研究［J］．统计与决策，2009（1）：178－181.

［18］胡家浩．美德农业社会化服务提供的启示［J］．开放导报，2008（5）：88－91.

［19］胡霞，彭建仿．三峡库区农业社会化服务转型升级：目标取向、现实模式和路径选择［J］．农村经济，2019（8）：103－110.

［20］胡亦琴，王洪远．现代服务业与农业耦合发展路径选择——以浙江省为例［J］．农业技术经济，2014（4）：25－33.

［21］黄江泉，张国庆，谢艳华．成长导向下中小微企业网络化协同发展机制创新及路径研究［J］．科技进步与对策，2017（23）：106－113.

［22］冀名峰．农业生产性服务业：我国农业现代化历史上的第三次动能［J］．农业经济问题，2018（3）：9－15.

［23］简兆权，李雷，柳仪．服务供应链整合及其对服务创新影响研究述评与展望［J］．外国经济与管理，2013（1）：37－46.

［24］江积海，李琴．平台型商业模式创新中连接属性影响价值共创的内在机理［J］．管理评论，2016（7）：252－260.

［25］姜长云．加快发展方式转变，优先支持农业服务业［J］．宏观经济管理，2013（3）：48－50.

［26］姜长云．家庭农场发展面临六个问题［J］．农村经营管理，2018（3）：29.

［27］姜长云．龙头企业的引领和中坚作用不可替代［J］．农业经济与管理，2019（6）：24－27.

［28］姜长云．中国农业生产性服务业的形成发展及其趋势、模式［J］．宏观经济研究，2020（7）：97－105.

［29］姜翰，金占明．企业间关系强度对关系价值机制影响的实证研究［J］．管理世界，2008（12）：114－126.

［30］姜松，王钊，周宁．西部地区农业现代化演进、个案解析与现实选择［J］．农业经济问题，2015（1）：30－37.

[31] 解学梅．企业协同创新影响因素与协同程度多维关系实证研究 [J]．科研管理，2015（2）：69-78．

[32] 解学梅，徐茂元．协同创新机制、协同创新氛围与创新绩效——以协同网络为中介变量 [J]．科研管理，2014（12）：9-16．

[33] 解学梅．中小企业协同创新网络与创新绩效的实证研究 [J]．管理科学学报，2010（8）：51-64．

[34] 解学梅，左蕾蕾．企业协同创新网络特征与创新绩效：基于知识吸收能力的中介效应研究 [J]．南开管理评论，2013（3）：47-56．

[35] 金立印．服务供应链管理、顾客满意与企业绩效 [J]．中国管理科学，2006（2）：100-106．

[36] 孔祥智，徐珍源，史冰清．当前我国农业社会化服务体系的现状、问题和对策研究 [J]．江汉论坛，2009（5）：13-18．

[37] 赖俊明．服务供应链中资源整合及其演化关系的案例研究 [J]．中国流通经济，2019（3）：10-18．

[38] 冷霄汉，戴安然，李季芳．我国农产品供应链信任培育机制研究 [J]．山东社会科学，2019（5）：137-142．

[39] 李荣耀．农户对农业社会化服务的需求优先序研究——基于 15 省微观调查数据的分析 [J]．西北农林科技大学学报（社科版），2015（1）：86-94．

[40] 刘大鹏，刘颖，陈实．土地流转、规模经营对农业社会化服务需求的影响分析——基于江汉平原 393 个水稻种植大户的调查 [J]．中国农业资源与区划，2019（1）：170-176．

[41] 刘刚．供应链管理——交易费用与决策优化研究 [M]．北京：经济管理出版社，2005．

[42] 刘新智，李璐．农业社会化服务的省域差异 [J]．改革，2015（4）：153-159．

[43] 芦千文，高鸣．中国农业生产性服务业支持政策的演变轨迹、框架与调整思路 [J]．南京农业大学学报（社会科学版），2020（5）：142-155．

[44] 陆杉．供应链关系资本及其对供应链协同影响的实证研究 [J]．软科学，2012（9）：39-43．

[45] 吕新业．小规模经营国家的农业社会化服务 [J]．国际社会与经济，1996（7）：12-14．

[46] 罗明忠，邱海兰，陈江华．农业社会化服务的现实约束、路径与生成逻辑——江西绿能公司例证 [J]．学术研究，2019（5）：79-87．

[47] 罗小锋，向潇潇，李容容．种植大户最迫切需求的农业社会化服务是什么 [J]．农业技术经济，2016（5）：4-12．

［48］马士华，林勇，陈志祥．供应链管理［M］．北京：机械工业出版社，2000.

［49］彭建仿．供应链环境下安全农产品供给的协同机理研究——基于龙头企业与农户共生的理论分析［J］．财贸经济，2011（3）：89-95.

［50］彭建仿，胡森森．农业社会化服务供应链的商业模式创新［J］．华南农业大学学报（社科版），2017（4）：45-52.

［51］彭建仿．龙头企业主导下农产品供应链源头质量管理模式研究［J］．西安财经学院学报，2013（2）：77-81.

［52］彭建仿．农业社会化服务供应链的形成与演进［J］．华南农业大学学报（社科版），2017（4）：45-52.

［53］彭建仿，孙在国，杨爽．供应链环境下龙头企业共生合作行为选择的影响因素分析——基于105个龙头企业安全农产品生产的实证研究［J］．复旦学报（社科版），2012（3）：128-140.

［54］彭建仿．新形势下龙头企业与农户和谐共生的逻辑路径［J］．华南农业大学学报（社科版），2012（2）：23-29.

［55］钱克明，彭廷军．关于现代农业经营主体的调研报告［J］．农业经济问题，2013（6）：4-7.

［56］乔丹，陆迁，徐涛．农村小型水利设施合作供给意愿影响因素分析——基于多群组结构方程模型［J］．农村经济，2016（3）：99-104.

［57］乔为国．大力推动商业模式创新［J］．中国经贸导刊，2009（11）：25-26.

［58］宋华，于亢亢，陈金亮．不同情境下的服务供应链运作模式——资源和环境共同驱动的多案例研究［J］．管理世界，2013（2）：156-168.

［59］孙明．美国农业社会化服务体系的经验借鉴［J］．经济问题探索，2002（12）：125-128.

［60］孙艳华，晏书诚．内部信任对社员合作意愿与参与行为的影响［J］．湖南农业大学学报（社科版），2018（3）：46-52.

［61］谈存峰，李双奎，陈强强．欠发达地区农业社会化服务的供给、需求及农户意愿——基于甘肃样本农户的调查分析［J］．华南农业大学学报（社科版），2010（3）：1-8.

［62］谭智心，孔祥智．新时期农业产业化龙头企业提供农业社会化服务的现状、问题及对策研究［J］．学习论坛，2009（11）：59-63.

［63］田宇．物流服务供应链构建中的供应商选择研究［J］．系统工程理论与实践，2003（5）：49-53.

［64］王丽平，何亚蓉．互补性资源、交互能力与合作创新绩效［J］．科学学研究，2016（1）：132-141.

［65］王少凡，王向阳．企业间供应链协同资源整合机理与共享路径研究［J］．社会科学战线，2020（3）：259-263.

［66］王鑫鑫，王宗军．国外商业模式创新研究综述［J］．外国经济与管理，2009（12）：33-38.

［67］王雪冬，董大海．商业模式创新概念研究述评与展望［J］．外国经济与管理，2013（11）：29-37.

［68］王洋，殷秀萍，郭翔宇．农业社会化服务供给模式分析与评价［J］．农机化研究，2011（11）：1-4.

［69］王瑜，应瑞瑶，张耀钢．江苏省种植业农户的农技服务需求优先序研究［J］．中国科技论坛，2007（11）：123-126.

［70］王钊，刘晗，曹峥林．农业社会化服务需求分析——基于重庆市191户农户的样本调查［J］．农业技术经济，2015（9）：17-26.

［71］王志刚，于滨铜．农业产业化联合体概念内涵、组织边界与增效机制：安徽案例举证［J］．中国农村经济，2019（2）：60-80.

［72］魏炜，朱武祥，林桂平．基于利益相关者交易结构的商业模式理论［J］．管理世界，2012（12）：125-131.

［73］吴晓波，赵子溢．商业模式创新的前因问题：研究综述与展望［J］．外国经济与管理，2017（1）：114-127.

［74］夏蓓，蒋乃华，种粮大户需要农业社会化服务吗——基于江苏省扬州地区264个样本农户的调查［J］．农业技术经济，2016（8）：15-24.

［75］谢德荪．源创新：转型期的中国企业创新之道［M］．北京：五洲传播出版社，2012.

［76］谢磊，马士华，桂华明等．供应物流协同影响机制实证分析［J］．科研管理，2014（3）：147-154.

［77］熊和平．供应链管理实务［M］．广州：广东经济出版社，2001.

［78］徐金海，蒋乃华，秦伟伟．农民农业科技培训服务需求意愿及绩效的实证研究：以江苏省为例［J］．农业经济问题，2011（12）：66-72.

［79］闫丽丽，夏凡，郭妍．煤炭行业供应链协同网络模型构建［J］．物流技术，2014（9）：350-403.

［80］杨子，饶芳萍，诸培新，农业社会化服务对土地规模经营的影响——基于农户土地转入视角的实证分析［J］．中国农村经济，2019（3）：82-95.

［81］叶飞，李怡娜，张红等．供应链信息共享影响因素、信息共享程度与企业运营绩效关系研究［J］．管理学报，2009（6）：743-750.

［82］俞海宏，刘南．激励机制下服务供应链的收益分享契约协调性研究［J］．数学

的实践与认识，2011（12）：69 – 79.

[83] 袁纯清. 共生理论 [M]. 北京：经济科学出版社，1998.

[84] 张大鹏，孙新波. 供应链合作网络中整合型领导力对企业间协同创新绩效的影响研究 [J]. 工业工程与管理，2017（6）：128 – 134.

[85] 张娟，张笑寒. 农业社会化服务的模式、机理及趋势分析 [J]. 江苏农业科学，2011，39（2）：514 – 517.

[86] 张旭梅，陈伟，张映秀. 供应链企业间知识共享影响因素的实证研究 [J]. 管理学报，2009，（10）：1296 – 1301.

[87] 张颖熙，夏杰长. 农业社会化服务体系创新的动力机制与路径选择 [J]. 宏观经济研究，2010（8）：12 – 17.

[88] 张玉春，申风平，余炳等. 企业集群环境下供应链快速响应能力影响因素研究 [J]. 兰州大学学报（社科版），2013（1）：126 – 131.

[89] 张越，赵树宽. 基于要素视角的商业模式创新机理及路径 [J]. 财贸经济，2014（6）：90 – 99.

[90] 张照新. 加快构建多元发展的农业社会化服务体系 [J]. 农村经营管理，2020（4）：11 – 12.

[91] 赵亚蕊. 国外供应链整合的研究述评与展望 [J]. 商业经济与管理，2012（11）：24 – 32.

[92] 周芳，郭岩. 供应链企业的社会资本、知识分享与创新绩效研究 [J]. 财经问题研究，2012（12）：37 – 44.

[93] 周驷华，万国华. 信息技术能力对供应链绩效的影响：基于信息整合的视角 [J]. 系统管理学报，2016（1）：90 – 102.

[94] 周月书，王婕. 产业链组织形式、市场势力与农业产业链融资——基于江苏省397户规模农户的实证分析 [J]. 中国农村经济，2017（4）：46 – 58.

[95] 朱樊生，梁天福. 法国：农业社会化服务体系 [J]. 农村经济与科技，1995（12）：11 – 12.

[96] 朱启臻，胡鹏辉，许汉泽. 论家庭农场：优势、条件与规模 [J]. 农业经济问题，2014（7）：11 – 17.

[97] 朱秀梅，费宇鹏. 关系特征、资源获取与初创企业绩效关系实证研究 [J]. 南开管理评论，2010（3）：125 – 135.

[98] 庄丽娟，贺梅英，张杰. 农业生产性服务需求意愿及影响因素分析——以广东省450户荔枝生产者的调查为例 [J]. 中国农村经济，2011（3）：70 – 78.

[99] 邹辉霞. 供应链物流管理 [M]. 北京：清华大学出版社，2009.

[100] Ahuja G. Collaboration networks, structural holes, and innovation: A longitudinal

study [J]. Administrative Science Quarterly, 2000, 45 (3): 425 – 455.

[101] Akudugu M. A. , et al. . Adoption of modern agricultural production technologies by farm households in Ghana: what factors influence their decisions [J]. Journal of Biology, Agriculture and Healthcare, 2012, 2 (3): 1 – 13.

[102] Andreas B E, Simon J B , Paul T. How can clusters sustain performance? The role of network strength, network openness, and environmental uncertainty [J]. Research policy, 2010, 39 (2): 239 – 253.

[103] Antony P, Injazz J C, Constantin B. Motives and performance outcomes of sustainable supply chain management practices: A multi-theoretical perspective [J]. Journal of Business Ethics, 2017, 145 (2): 239 – 258.

[104] Asfaw S. et al. . Poverty reduction effects of agricultural technology adoption: a micro-evidence from rural Tanzania [J]. Journal of Development Studies, 2012, 48 (9): 1288 – 1305.

[105] Axelsson B, Wynstra F. Interaction patterns in services exchange—some thoughts on the impact of different kinds of services on buyer-supplier interfaces and interactions [C]. In 16th Annual IMP Conference, Bath, United Kingdom, 2002.

[106] Barbara B. F, Huo B F, Zhao X D. The impact of supply chain integration on performance: A contingency and configuration approach [J]. Journal of Operations Management, 2010 (1): 58 – 71.

[107] Baron R M, Kenny D A. The moderator-mediator variable distinction in social psychological research: Conceptual, strategic, and statistical considerations [J]. Journal of Personality and Social Psychology, 1986, 51 (6): 1173 – 1182.

[108] Bock A, Gerard G. Business model innovation and strategic flexibility: A study of the effects of informal and formal organization [R]. Sumantra Ghoshal Conference for Managerially Relevant Research, London, 2010.

[109] Brian F, Chris V, Sean D B. The impact of supply chain relationship quality on quality performance [J]. International Journal of Production Economics, 2005, 96 (3): 339 – 354.

[110] Chaplin H. , et al. . Agricultural adjustment and the diversification of farm households and corporate farms in central Europe [J]. Journal of Rural Studies, 2004, 20 (1): 61 – 77.

[111] Chen F, Drezner Z, Ryan J K, et al. . Quantifying the bullwhip effect in a simple supply chain: The impact of forecasting, lead times, and information [J]. Management Science, 2000, 46 (3): 436 – 443.

[112] Chin W W, Newsted P R. Structural equation modeling analysis with small samples using partial least squares [M]. In statistical strategies for small sample research, Edited by: Hoyle, R. H. 307 – 341. Thousand Oaks, CA: Sage Publications, 1999.

[113] Davis J & Goldberg R, A concept of agribusiness, Harvard University, Boston, 1957.

[114] Diversh K, Zillur R. Buyer supplier relationship and supply chain sustainability: empirical study of Indian automobile industry [J]. Journal of Cleaner Production, 2016, 131 (4): 836 – 848.

[115] Dyer J H, Singh H. The Relational View: Cooperative strategies and sources of interorganizational competitive advantage [J]. Academy of Management Review, 1998, 23 (4): 660 – 679.

[116] Froehle C M, Roth A V. New measurement scales for evaluating perceptions of the technology-mediated customer service experience [J]. Journal of Operations Management, 2004, 22 (1): 1 – 21.

[117] Frohlich M T, Westbrook R. Arcs of integration: an international study of supply chain strategies [J]. Journal of Operations Management, 2001, 19 (2): 185 – 200.

[118] Gordijn, J, J. Akkermans, J. van Vliet, Designing and evaluating e-business models [J]. IEEE Intelligent Systems, 2001, 16 (4): 11 – 17.

[119] Granovetter M. The strength of weak ties [J]. American Journal of Sociology, 1973 (6): 1360 – 1380.

[120] Gulati R. Alliances and networks [J]. Strategic Management Journal, 1998 (4): 293 – 317.

[121] Gulati R, Sytch M. Does familiarity breed trust? Revisiting the antecedents of trust [J]. Managerial and Decision Economics, 2008 (29): 165 – 190.

[122] Gunasekaran A , Ngai, E. W. T. Information systems in supply chain integration and management [J]. European Journal of Operational Research, 2004 (2): 269 – 295.

[123] Hadjimanolis A. Barriers to innovation for SMEs in a small less developed country (Cyprus) [J]. Technovation, 1999, 19 (9): 561 – 570.

[124] Hamel, G. Leading the revolution [M]. Boston: Harvard Business School Press, 2000.

[125] Hayes A F. Beyond baron and kenny: statistical mediation analysis in the new millennium [J]. Communication Monographs, 2009, 76 (4): 408 – 420.

[126] Hill J A, Eckerd S, Wilson D, et al. . The effect of unethical behavior on trust in a buyer-supplier relationship: The mediating role of psychological contract violation [J]. Journal

of Operations Management, 2009, 27 (4): 281 – 293.

[127] Holbert R L, Stephenson M T. The importance of indirect effects in media effects research: testing for mediation in structural equation modeling [J]. Journal of Broadcasting & Electronic Media, 2003, 47 (4): 556 – 572.

[128] John T. Mentzer, William DeWitt, James S. Keebler, et al. . Defining supply chain management [J]. Journal of Business Logistics, 2001, 22 (2): 1 – 25.

[129] Kelle P, Akbulut A. The role of ERP tools in supply chain information sharing, cooperation, and cost optimization [J]. International Journal of Production Economics, 2005, 93 (8): 41 – 52.

[130] Kibwika P. , et al. . Competence challenges of demand-led agricultural research and extension in Uganda [J]. Journal of Agricultural Education and Extension, 2009, 15 (1): 5 – 19.

[131] Killing J P. How to make a global joint venture work [J]. Harvard Business Review, 1982, 60 (3): 120 – 127.

[132] Klerkx L. , Leeuwis C. Matching Demand and Supply in the Agricultural Knowledge Infrastructure: Experiences with Innovation Intermediaries [J]. Food Policy, 2008, 33 (3): 260 – 276.

[133] Kuehne G. My decision to sell the family farm [J]. Agriculture and Human Values, 2013, 30 (2): 203 – 213.

[134] Lavie D. Alliance portfolios and firm performance: A study of value creation and appropriation in the U. S. software industry [J]. Strategic Management Journal, 2007 (3): 1187 – 1212.

[135] Lisa M. Ellram, Martha C. Cooper. Supply chain management, partnership, and the shipper-third party relationship [J]. The International Journal of Logistics Management. 1990, 1 (2): 1 – 10.

[136] Mackinnon D P, Lockwood C M, Hoffman J M, et al. . A comparison of methods to test mediation and other intervening variable effects [J]. Psychological Methods, 2002 (7): 83 – 104.

[137] Maria J N, Lluis S. The importance of diverse collaborative networks for the novelty of product innovation [J]. Technovation, 2007, 27 (6 – 7): 367 – 377.

[138] Marsden P V. Network data and measurement [J]. Annual Review of Sociology, 1990 (1): 435 – 463.

[139] Offutt S. The future of farm policy analysis: A household perspective [J]. American Journal of Agricultural Economics, 2002, 84 (5): 1189 – 1200.

［140］Phelps C C. A longitudinal study of the influence of alliance network structure and composition on firm exploratory innovation ［J］. Academy of Management Journal, 2010, 53 (4): 890 – 913.

［141］Phillip W. Balsmeier and Wendell J. Voisin. Supply chain management: A time-based strategy ［J］. Industrial Management. 1996, 38 (5): 24 – 27.

［142］Postner, Harry H. Factor content of Canadian international trade: An input-output analysis, economic council of Canada, Ottawa, 1975.

［143］Pritchard B. , et al. . Neither "family" nor "corporate" farming: Australian tomato growers as farm family entrepreneurs ［J］. Journal of Rural Studies, 2007, 23 (1): 75 – 87.

［144］Rappa, M A. The utility business model and future of computing services ［J］. IBM Systems Journal, 2001, 13 (1): 32 – 42.

［145］Reinert, Kenneth A. Rural nonfarm development: A trade-theoretic view ［J］. Journal of International Trade and Economic Development, 1998, 7 (4): 425 – 437.

［146］Reynolds P, Miller B. New firm gestation: conception, birth, and implications for research ［J］. Journal of Business Venturing, 1992, 7 (5): 405 – 417.

［147］Robert P. Bentz. Acquiring and managing financial resources. Improving agricultural extension: a reference manual. Rome: FAO, 1997.

［148］Sakun B, Chee Y W, Christina W Y W. Service supply chain management process capabilities: Measurement development ［J］. International Journal of Production Economics, 2017, 193 (11): 1 – 11.

［149］Schlegelmilch B B, et al. . Strategic innovation: The construct, its drivers and its strategic outcomes ［J］. Journal of Strategic Marketing, 2003, 11 (2): 117 – 132.

［150］Sobel M E. Some new results on indirect effects and their standard errors in covariance structure models ［J］. Sociological Methodology, 1986 (16): 159 – 186.

［151］Soo W K. An investigation on the direct and indirect effect of supply chain integration on firm performance ［J］. International of Journal Production Economics, 2009, 119 (2): 328 – 346.

［152］Su Qin, Song Yongtao, Li Zhao, et al. . The impact of supply chain relationship quality on cooperative strategy ［J］. Journal of Purchasing and Supply Management, 2008 (4): 263 – 272.

［154］Vanhaverbeke W, Gilsing V, Beerkens B, et al. . The role of alliance network redundancy in the creation of core and non – core technologies ［J］. Journal of Management Studies, 2009 (2): 215 – 244.

［155］Viaggi D. , et al. . Farm-household investment behavior and the CAP decoupling: methodological issues in assessing policy impacts ［J］. Journal of Policy Modeling, 2011, 33 (1): 127 – 145.

［156］Webster J. Networks of collaboration or conflict? Electronic data interchange and power in the supply chain ［J］. The Journal of Strategic Information Systems, 1995, 4 (1): 31 – 42.

［157］William M. Rivera, Agricultural extension in transition wordwide ［J］. Public Administration and Development, 1996, 16 (2): 151 – 161.

［158］Ye F, Wang Z Q. Effects of information technology alignment and information sharing on supply chain operational performance ［J］. Computers & Industrial Engineering, 2013, 65 (3): 370 – 377.

［159］Zott C, Amit R. Business model design: An activity system perspective ［J］. Long Range Planning, 2010, 43 (2 – 3): 216 – 226.

［160］Zott C, Amit R. Business model design and the performance of entrepreneurial firms ［J］. Organization Science, 2007, 18 (2): 181 – 199.